主办方：中央和国家机关工委

文化和旅游部

中国社会科学院

承办方：国家图书馆

2017

部级领导干部
历史文化讲座

国家图书馆 编

国家图书馆出版社

图书在版编目（CIP）数据

部级领导干部历史文化讲座·2017／国家图书馆编.
--北京：国家图书馆出版社，2018.6
（部级领导干部历史文化讲座）
ISBN 978－7－5013－6389－6

Ⅰ.①部…　Ⅱ.①国…　Ⅲ.①社会科学－干部教育－
学习参考资料　Ⅳ.①C42

中国版本图书馆 CIP 数据核字（2018）第 060487 号

书　　名	部级领导干部历史文化讲座·2017
著　　者	国家图书馆　编
责任编辑	王　雷
封面设计	程言工作室
出　　版	国家图书馆出版社（100034　北京市西城区文津街 7 号）（原书目文献出版社　北京图书馆出版社）
发　　行	010－66114536　66126153　66151313　66175620　66121706（传真）　66126156（门市部）
E-mail	nlcpress@ nlc. cn（邮购）
Website	www. nlcpress. com→投稿中心
经　　销	新华书店
印　　装	河北三河弘翰印务有限公司
版　　次	2018 年 6 月第 1 版　2018 年 6 月第 1 次印刷
开　　本	850 ×1168（毫米）　1/16
印　　张	12.25
印　　数	1—3000 册
书　　号	ISBN 978－7－5013－6389－6
定　　价	85.00 元

目　　录

中华文化的人文精神 ………………………… 楼宇烈 （ 1 ）

敦煌莫高窟的价值及其现代文化角色 ………… 樊锦诗 （ 15 ）

中医对生命的认知与健康维护 ………………… 曹洪欣 （ 35 ）

尽心知性：孟子哲学的精神 …………………… 杨立华 （ 54 ）

文化自信与中国传统教育精神 ………………… 郭齐家 （ 67 ）

元朝对中国历史发展的影响 …………………… 张　帆 （ 86 ）

空间与形态

　　　——历史时期中外城市比较 ………… 李孝聪 （102）

国学、传统文化与当代教育 …………………… 刘梦溪 （120）

宋代信息渠道得失谈 …………………………… 邓小南 （138）

中国传统法文化的历史地位与史鉴价值 ……… 张晋藩 （160）

荀子人性论辨正 ………………………………… 梁　涛 （175）

中华文化的人文精神

楼宇烈

楼宇烈，1934 年 12 月 10 日生于杭州。祖籍浙江嵊州。1960 年毕业于北京大学哲学系哲学专业。现为北京大学哲学系暨国学研究院教授、博士生导师，北京大学宗教研究院名誉院长，北京大学学术委员会委员。

楼宇烈先生主要从事中国文化、哲学、宗教，尤其是中国哲学史、中国佛教史的教学和研究工作。在中国哲学史方面侧重于魏晋玄学和近现代哲学的研究，在中国佛教史方面侧重于禅宗思想和近现代佛教史的研究。主要著作有：《老子道德经注校释》《周易注（附周易略例）》《宗教研究方法讲记》《中国的品格》《中国文化的根本精神》等。

中华文化的人文精神是中国文化的一个根本特征。我们讲到某一个事物的特征的时候，一定是跟其他事物进行对比才能够说出的。所以讲到中华文化的人文特征，那就是跟西方文化相对而言的。当然，不是说西方文化里没有人文的那些内容，也不是说西方人根本不讲人文精神，而是主要就人文的突出点或是关注点相比较来讲的。

人文的概念是一个非常复杂的概念。从传统的人文概念到今天运用的人文概念，从我们的人文文化传到西方，之后又从西方传回，人文概念在这一过程中所产生的许多变化，等等，可以说，人文的概念有很多的内涵，也有很多的变迁。那么今天，我将主要就此方面为大家做一诠释。

一、中国文化中的人文概念与核心

中国人文精神不崇拜外在的造物主，所以在中国文化中这是现实的世界，一切的变化都在这个现实世界中发生，而不是在现实世界之外去构建一个至高无上的神的世界。我们的人文精神可能就是从这儿而来。

在中国文化中，最初我们看到人文的概念是跟天文相对来提的。"人文"一词，从现在能够查到的资料来看，最初出现在《周易》里。《周易》有一个卦叫作贲（bì）卦，里面有一句话是这样说的："刚柔交错，天文也。文明以止，人文也。观乎天文，以察时变；观乎人文，以化成天下。"这里的天文就是现在我们讲的天文，文明就是现在我们用的文明，和野蛮相对。"文明以止，人文也。"这个人文是与天文相对比。天文指的是天呈现的那种刚柔交错的状态，或者是阴阳消长。相对的，人类社会呈现的现象是什么？文明以止。接着又讲"观乎天文，以察时变"。我们观察天所呈现的刚柔交错、阴阳消长的状态，就可以清楚地看到四时的变化，现在是春天，还是冬天。那么"观乎人文，以化成天下"的意思是，我们通过对人文的观察，就可以让天下构建有序而和谐的状态。所以，中国人讲人文化成，其实就是说我们的教育首先要围绕人文展开。只有这样，我们的社会、我们的天下才能够有序、和谐、上下一致。而要了解中国最原初的人文的含义，就要了解何谓文明以止。这里的"止"主要是指每个人应止于何处。因为在社会里，每个人都会有一个称号、一个身份。那么我们应该止于何处呢？

为人父，止于慈；为人子，止于孝。每个人都应当明白自己的身份，按照自己的身份做人、做事，尽自己的职责，处理好跟别人的关系，规范好自己的言行举止，这就是止的含义。这里面有一个很重要的问题就是身份的认同。人文的落脚点是让每个人都能够明白自己的身份，知道自己身份该尽的职责，该处理的关系以及该遵守的规范。可是要怎样才能让人认识并做到这一点呢？要用文明，所以叫作"文明以止"。文明以止，是人类的一种进步，可以让人与动物区别开来。

说到此，先秦的思想家荀子曾经把天地万物分成四类，他说："水火有气而无生，草木有生而无知，禽兽有知而无义，人有气、有生、有知，亦且有义，故最为天下贵也。""水火有气而无生"，就是说水火有气但是没有生命，这是一类。"草木有生而无知"，就是说草木虽有生命，但它没有知识、没有智慧，这是第二类。第三类是禽兽，所谓"禽兽有知而无义"，就是说禽兽有认知方面的功能，但是它没有义。这里的"无义"实际上指的是没有一种礼义，因为在中国古代，讲禽兽和人的区别，主要指禽兽没有礼义廉耻所确立的伦常关系。所以如果说这个人违背了伦常，那就意味着他是禽兽，甚至禽兽不如。第四类就是人了，人"有气、有生、有知，亦且有义，故最为天下贵也"。人是什么都具备了，所以是万物中最贵重的。荀子在这儿就用比较的方法，从现象上说明了为什么天地万物中间人是最贵的。

《尚书》中也有这样的说法，"惟天地万物父母，惟人万物之灵"，天地是万物之父母，而人则是万物之灵。这个灵是指人的一种能动性，除人之外的其他万物无论多厉害，都只能遵循现有的条件和行为准则，而不似人可以改变、突破自己的生存环境。如冬天冷，我们就盖房子以避寒；夏天热，我们就装空调以取凉。这就是人与其他万物的差别，人具有一种能动性、主动性。也正因为此，人更应当认识自己、管好自己。这是中国人文文化的一个根本特征，也是它的核心点，即以人为本。

二、上薄拜神教、下防拜物教

在中国从未有过如西方那般造物主的概念。如魏晋时期哲学家郭象在《庄子注》里就非常明确地讲到"造物者无主"，万物"独化于玄冥之境"，玄冥就是黑暗的、看不清楚的。在大自然中每个事物都是独立的，冥冥之中自我演化，而不是有一个什么造物主。

另外，在中国文化中，特别强调的是人的自我修养，德行是第一位的。这一理念在西周就已确立，如《尚书》中的"皇天无亲，惟德是辅"。皇天，从某种意义上讲是人类的祖先，或者是自然界的自然之天；辅就是辅助的意思。此句是说：不会因为你我关系更近，而会对你怎样，要看你有无德行；有德，则助；无德，则免。

中国文化始终强调德为本，把人的德放在第一位。从这个意义上来讲，它确实没有像西方文化中的造物主的崇拜，一切都要听命造物主、服从造物主；而是要自己做主，不断地提升自我修养和德行。因为只有自身的德行提升了，天时、地利、人和才都会来。若德行不好，则万事不成。《大学》里有这么一段话："有德此有人，有人此有土，有土此有财，有财此有用。"你有了德行，民众才会往你这边来，你才能聚民；把民聚起来后才有土地，有了土地，就产生了各种各样的物品；然后，我们才可以去运用它。结论是：德为本，财为末。从这一意义上说，中国是一个"上薄拜神教"的国家，对造物主的观念很淡薄，甚至于没有。

人的德行要如何维护呢？在中国文化中，我们非常清晰地看到各种各样的欲望。贪欲对人的德行有很大的腐蚀性，所以人要警惕名利财富的影响，要做物的主人，而不能反被物掌控。我们要非常警惕物欲对人德行的养成、维护和提升的影响力。战国末期大思想家荀子曾引用过从古代一直传下来的一句话：君子役物，小人役于物。役，是支配的意思。即君子应该支配物，小人则被物所支配。说到君子、小人，在我国文化里，二者的对比并非指地位和身份的差异，而是德行的对比。战国中期，稷下学宫的一本书《管子》中有两篇文章，题目都叫作《心术》，分成上下篇，里面就讲到人心是一身之主，心处于君的位置。我们的五官，眼、耳、鼻、舌、身为什么叫作官呢？心和五官是什么关系呢？其实，心是来管住五官的，五官是跟外物接触的，这也就是我们经常讲的"色声香味触"。因此，人的五官要懂得管住对外物的欲望，不要因为东西好吃就吃个没完，要管住自己的嘴，还要管住耳朵，管住眼睛，等等。依照正常的次序，心管住五官，五官管住外物，此为正道。若反之，则心术不正。因此，人不应该成为物的奴隶，而应主动去管住物。

由此可知，中国文化很早就告诉我们要防止物欲对人的侵蚀，以免使人失去主体性和独立性，所以，中国的这种人文文化或是人文精神就是"下防拜物教"。毕竟物欲无止境、欲壑难填。

三、中国人文精神对西方的启示

（一）西方人文思想的发展

在西方文化中，当人从神的脚下站起来以后，人的理性得到了最充分的肯定。变革前，认为人们的一切行为都要听命于神，一旦有了问题，就要到宗教的裁判所进行审判。中世纪的很多科学家、思想家由于理念、思想违背了神的教导受到宗教裁判所的审判，有被处以绞刑的，有被处以火刑的，等等。但是走向近代以后，人的理性得到充分肯定，一切行为都要到理性的审判台进行审判，即人的行为、理念是否合乎理性。这也就是我们讲的所谓的科学。人类应用理性的力量创造了近代的科学技术，可以说，科学把理性放在第一位、是理性的产物和成果。在这样一个发展过程中间，人类的理性得到最最充分的肯定，甚至于到了一个夸大的地步，以至于认为人类运用自己的理性可以解决一切问题、决定一切问题，认为人应该来主宰这个世界。这种情况发展到 20 世纪初，我们就看到在西方社会发生了严重的人类自我残杀现象，即 20 世纪初的两次世界大战。于是，西方社会中很多人开始了反思，大家又一致看到，这种战争的发生，归根结底就是一种资源财富的争夺。为了夺取资源、财富，人类可以相互残杀，这种情况说明了人的自我异化，丧失了自身的独立性和主体性，成为物的奴隶，进而失去了理性。前一次是因为人匍匐在神的脚下，现在是人成了物的奴隶，要听物的指挥。

两次世界大战后，西方社会又掀起了一个新的以人为本的、高扬人文文化的运动，这就是我们常常讲的新人本主义。这一人文精神围绕着人的主体性、独立性而产生。

（二）对西方的影响

西方文化两次倡导的以人为本的人文精神，其实非常明显地是受到中国文化的影响。

16 世纪之前，西方本是想在自己的文化传统中寻找能够破除人们对造物主、对神的绝对服从的观念。如 15 世纪开始的文艺复兴运动就是希望从西方的传统文化——古希腊和罗马文化中间，去寻找一种能够冲破中世纪以来的一切都要听命于神的这样一种文化。但他们发现这种文化传统在西方已经断裂，早期古希腊、罗马的文化有很多已流传到外面。文艺复兴运动就是重新把这些文化找回来，大部分是从阿拉伯地区找回的，因此这段时期在很大程度上也被称为"翻译时代"。到了16世纪的宗教改革，它的意义应该说是很大的。因为它冲破了传统宗教的独断性、保守性，出现了一大批基督新教徒。西方基督宗教的新教，我们称之为基督教，而以罗马教廷为主的传统的基督教，我们称之为天主教。由于新教的产生，原来保守的、传统的天主教中的很多神职人员失去了在欧洲的领地，致使一大批传教士来到东方，特别是中国。他们希望在东方找到一个新的领地和人群来传播主的福音。

那时正是明末清初。到了中国，他们发现这里的文化跟他们的传统文化环境完全不一样。因为中国人没有对造物主、对神的崇拜，而是强调要用人的道德自觉来维持社会的持续。所以他们就把中国文化传回到欧洲，翻译了我们很多的儒家和道家经典。这些经典传到欧洲，对后来17世纪开始的启蒙运动的思想家们产生了重大的影响，在欧洲出现了对中国文化向往的这么一段历史时期，持续上百年。当时的欧洲认为中国是一个理想的社会、理想的国家，欧洲一大批伟大的启蒙运动思想家，如伏尔泰、狄德罗、莱布尼茨、魁奈等，都写专著、写文章来赞美并传播中国文化中的这种以人为本的充分肯定人的主体性、能动性的这样一种文化。所以说，中国文化对后来推动整个欧洲的变革应该说是起了相当大的作用。这是欧洲的第一次人文文化的兴起，它高举了人本主义大旗，也正因为此，使得今天很多中国年轻人以为人本主义这种文化是从欧洲传来的，但事实上它却是从中国传过去的。

西方人依靠我们的人本主义冲破了中世纪的以神为本的文化，但由于他们对待问题要求明确化、标准化，结果形成一种非此即彼的思维方式。他们认为打倒了上帝、推翻了主宰，人就要当家做主了，于是出现了人类中心主义思潮，以及科技万能思潮。人可以主宰一切，可以按照自己的意志去改变一切；科学方面，提出了人定胜天，要征服自然、改造自然，把人的地位抬高到了跟造物主一样的位置。在这种情况下，人的科技成果变成了掌控宇宙的工具，人又失去了主体性、独立性。然而，人却又在失去主体性、独立性的前提下，发挥了他的能动性，这就把整个天地万物搅乱了，也把人的意识改变了。为了去征服、去获得资源财富，人类相互残杀，从某种意义上，人又失去了理性，已经自我异化了，拜物教、拜金主义等等的这样一种观念盛行了。所以两次世界大战以后，新人本主义问题在西方又被重新提出。也是在这样一个背景下，当时的人们几乎一致认为需要重举人本主义的大旗，只是思想资源还需要到东方，特别是到中国的文化中去寻找。

到了20世纪后期，特别是21世纪初期，西方反思这样一个问题：人类能这样去主宰宇宙万物吗？于是西方的许多思想家、科学家又重新提出，我们要回归到尊重自然、顺应自然的道路上，而不应该再继续地、任意地去征服自然、改造自然。这种尊重自然、顺应自然的思想，其实也是中国人文文化中的一个重要特点。

四、中国人文文化中顺应自然思想的体现

中国的人文文化强调人的主体性、独立性、能动性，但并非是要人来做天地宇宙万物的主宰，而是恰恰相反，要我们更加尊重天地万物的自然规律。道家思想中，《老子》有一句话"辅万物之自然而不敢为"，人只能辅万物之自然，"自然"不是简单的自然界的，而是讲事物的本性。意思就是：我们要尊重事物本

来状态，所以我们只能够去帮助它、推动它，让它按照自己本身的规律去发展。事物都有自己的发展趋势，所以人类只能是推自然之势，而不应该任意地改变万物自身发展趋势，所以在中国的语言里就有了"因势利导"这一说法。道家如此，儒家同样如此，也是非常尊重天地万物。我们有一个传统，是以天为则，把天作为自己学习的榜样。《论语》里有这么一句赞扬尧的话："大哉！尧之为君也。巍巍乎！唯天为大，唯尧则之。"意思就是：尧这位君主真是伟大呀，为什么呢？因为天是最大的，尧会效法它。"天"在中国文化中的概念非常复杂，其中最重要的一个含义就是天然、自然，即事物的本来状态。

在这里，我再讲一讲儒家构建的伦理，即儒家最看重的五伦。其中父子、夫妇、长幼、朋友这四伦都是自然关系，无法颠倒、无法改变。"天地合气，物偶自生，犹夫妇合气，子偶自生。"夫妇的结合是一种自然的结合，长幼也是一种自然的关系，朋友当然是自然而然地交朋友了。所以我们看儒家构建的五伦，最根本的伦理关系是人际关系，也是从自然关系出发的。那么君臣，似乎是不自然的，这就要看我们是从哪个角度来说了。如果从整个社会来看，社会有分工，就会有上下关系，而君臣就是其中的上下级关系。那么，我们把它诠释成一种自然关系，努力地从这样一种自然关系中去理解人际关系。由此我们不难看出，在这种关系中间，它实际强调的就是自然构建的关系，也是最合理的、人们最应该遵循的一种关系。所以，中国人很多的伦理德行、伦理品德大多是从天地万物中提炼出来的，这也是中国人文文化的一个非常重要的特点。

那么，说到孝，现在很多年轻人不太能够接受所谓的孝道教育，认为孝只是单方面对子女的要求。实则不然。在中国文化里，这些都是双向的。父慈子孝，父母的责任是慈，子女的责任是孝。所以孝并不是一个强加的东西，它是一种人际的自然关系的体现。三国魏时期有一位著名的哲学家王弼对孝做了诠释：自然亲爱为孝。孝不是别的，就是自然亲爱的这样一种关系的体现。我认为这个解释最妥帖。这就是中国文化的典型，它不是一种契约关系，而是一种自然关系。

而诚信，做人要讲究诚信。《中庸》有一句话："诚者天之道，诚之者人之道。"讲诚是天道啊，按照诚这样去做就是人道，人要向天学习，学习天的诚。还有《孟子》里的一句："诚者天之道，思诚者人之道。"不要忘记时时刻刻想着诚，这才是人道，为人之道。那么，为什么讲天具有诚的德行呢？我们看《周易》的观卦，观卦的彖（tuàn）传是这么讲的："观天之神道，而四时不忒（tè）。圣人以神道设教，而天下服矣。"神在中国文化中到处都有，但中国的神和西方造物主的神是完全不同的。中国文化中的神最根本的意义指的是万物的变化，在万物的变化中，有很多是我们难以预测的、捉摸不定的，但是却又有着一个总的规律是永恒不变的。所以从这个层面来讲，"观天之神道，而四时不忒"，再看天的变化之道，它的特点就是四时不忒。忒是差错的意思，出现了差错就是有忒，不忒就是没有差错，四时不忒也就是一年四季没有差错，永远是春夏秋冬这样的次序，这就有一定的规律可循，故为诚。如果今天这样，明天那样，不断地变化，还能让人相信吗？没有诚，怎么能够让人相信。故"圣人以神道设教，而天下服矣"。圣人按照天之神道教化民众，所以天下太平。天之神道是什么？是四时不忒，诚啊。所以我们讲中国文化是天人合一的文化，其实更重要的是天人合德，即在德行上的一致。

除了诚的品德外，我们还有不忘根本和敬畏。《礼记》里面讲到礼的根本是报本，"礼者，大报本也"，做人不能忘本。何谓本？"礼有三本"，一是天地，"天地者，生之本也"，天地是一切生命的本源和根本；二是先祖，"先祖者，类之本也"，这是我们这一类的本；三是君师，"君师者，治之本也"，这是作为人类的自我觉悟的一个本，意思就是能够自己管好自己，懂得一个做人的道理。在中国文化的传统概念里，一个国家最重要的、首先要做的事情就是教化民众，《礼记》的《学记》里面一开始就讲到建国君民、化民成俗、教学为先。我们要教化民众，首先要把教育做好，而它的根本落脚点就在于化民成俗，需要构建一个良好的社会习俗，要让每个人都能够明白做人的道理。所以《学记》里又讲："玉不琢，不成器；人不学，不知道。"一块美玉若不加以雕琢，就不会成为漂亮的玉器；一个人如果不学习，就不懂得做人的道理。所以"君师者，治之本也"，这就构成了中国礼里面的一个本的理念。

另外，儒家构建的礼教，其中一个核心是敬，其根本精神也在于敬。中国很多老宅子里一般都供着一个大牌位，上书"天地君亲师"，这就是中国人最朴实的信仰，也是敬。我们还有很多的仪式，比如祭祖、祭天、祭地等，所以北京才会有天坛、地坛、日坛、月坛，还有先农坛和社稷坛，一共六个坛，都是用来做祭祀的地方。因为在我们的文化里，祭是追源、报本。若父母去世要守丧三年，每逢一定的日子，要祭祀；中秋节、除夕，我们也会祭祀。所以慎终追远的理念在中国文化中间非常重要。"慎终追远，民德归厚矣。"厚实的德行不忘父母的生养，不忘祖先的荫德，以此来培养，民风才醇厚。若是连自己的父母、祖宗都不孝敬、不尊重，那这会是一个什么样的人品呢？

正如上述所言，天地君亲师，三个本，我们不仅不能忘本，还要感恩，更要敬畏。不忘天地君亲师，实际上就是中国文化强调的敬天法祖，尊师重道。这也是中国文化人文的特点。

五、小结

现今我们经常以人文跟自然科学相并提来运用。因为在今天学科的分类里有自然科学、社会科学、人文学科，我们有的时候会把人文跟社会科学合在一起来称呼，叫作人文社会科学。将人文跟科学联系在一起，却只是以分科的学问来讲。因为我们现在用的科学的概念也是非常复杂的，人们都是从不同的角度来使用这一概念，以致"科学"一词成了现今人们的一个日常口头语，一说起什么问题，就会问：这样说科学吗？这是科学吗？等等。至于究竟从什么意义上来讲是科学，其实并不清楚。所以，有的时候相互之间的对话，同样都用了科学的概念，但意义却是不同的。

那么，用人文和科学相对，这个科学的概念实际上是在自然科学的意义上来讲的，即研究客观物质世界的学科。其基本含义，《辞海》《辞源》给出的解释是"分科的学问"。我认为这个是狭义上的概念。西方近代以来，研究自然界的物质现象、研究社会现象，都是分科进行，所以才会有天文学、地理学、化学、物理学等等的分科的学问，这是近代文化呈现的样式，分科进行研究。这样的科学概念就是用来说明我们现代文化的呈现样式，以及人类的文化发展。与我国古代相比，其呈现样式是不同的。虽然我国古代有着学派之分，各个学派对天、地、物、人的见解各自不同，但整体而言，我国古代的文化呈现样式是综合不分科的。只是近代以来，这种样式才发生了变化，把学科的分类放在第一位，然后再在学科里分为不同学派。这是科学概念的一个变化。因此，科学最初的概念就是指"分科的学问"，把研究对象分为各个不同的对象，然后再有各种不同的见解，进而分成各种不同的学派。在古代，它就是在一个学派里面由其一贯的思想来看待、研究不同的对象。这就是科学最初的概念。

后来，科学更侧重于一种研究方法，即 18、19 世纪的实证科学。现在我们很多方面都是以这种研究方法来讲科学概念。这种研究方法就是强调实证，也就是我们在面对现实、对待事实时要进行定量、定性地反复分析，定性以后普及到各个方面，也就是所谓的可反复性和普适性。这是在一个意义上用一种科学的研究方法来讲科学概念。但是，由于研究物质世界的学问跟研究人类社会的学问不一样，因此就有了自然科学和社会科学。社会科学里也有不同，如政、经、法，相对来讲是比较客观一些的事情；而有一类研究人类内心的，如哲学、宗教、艺术等，就很难运用实证科学的方法加以研究。因为对象不同，又不能简单地把它归结于科学研究方法的范围之内，于是我们又称之为"人文学科"，而不用人文科学这个概念。

在 20 世纪二三十年代，在我国学术界曾出现过一个讨论，后来有的称之为"科学与玄学的争论"，有的称之为"科学与人生观的争论"。之所以出现这次讨论，是因为当时有一批研究自然科学的学者认为科学具有普遍真理性、普遍适用性，不论是客观物质世界，还是社会现象，都可以用科学的方法进行研究。甚至就连针对人内心世界的宗教信仰、哲学智慧、艺术境界等也可以用科学的方法来加以研究，进而解决人的种种心理问题以及信仰问题。另有一批学者不同意这一观点。他们认为用科学的方法去研究客观的物质世界，包括部分的社会问题，都是可以的。但是人的内心世界不能只是简单地用一种普遍的公式、普遍的定量和定性的分析方法去解决，而应该用一种抽象的、玄乎其玄的，或者是一种体悟的方式去研究。在中国传统文化中，这一观点被称为玄学。因此，就有了这一场科学与玄学的大争论。

也是基于此，人文的意思和科学，特别是自然科学，不太一样了。人文更侧重于人的内心世界，或者是对于人自身的一种研究，是以人为研究对象。不过人不仅是物质性的人，更是以精神生命为主的人。于是就有了后来的这样一种对人文的更科学的理解，把它与科学相对比来研究。

人文的概念有很多的变化，我们有时会将其跟西方的以研究物为对象的文化相比对，称之为"物文"的文化；有时也跟西方宗教信仰里对于造物主的神的信仰的文化来加以比较，称之为"神文"的文化。所以"人文"的文化就处于一种"物文"文化和"神文"文化的对比中间。因此，当我们讲到中国文化的重要特征是人文文化时，在很大程度上，就是把它跟西方文化中间的"神文文化"和"物文文化"加以比较，因为在中国文化中，我们更关注人自身。

中国人文文化的精神，从其中一个角度来讲，具有"上薄拜神教，下防拜物教"的特点。中国文化与西方文化相比较，可以更清楚地认识到中国文化、人文文化的精神。在中国文化中，我们始终把人放在一个独立的主体地位，因此，中国没有造物主的理念，认为天地万物都是自然地形成，用东汉时期哲学家王充的说法就是"天地合气，万物自生"，这与西方认为万物由神所造，人必须绝对地听从造物主、服从造物主的命令是不同的。从西方近代以来的变革中，我们就可以看到，它变革的根本落脚点就在于要让人从造物主、神的脚下站立起来，凸显出人的独立性和主体性，体现出人的理性的意义和价值，不能唯神的意志为意志。所以西方近代，从文艺复兴到宗教改革再到启蒙运动的变革是围绕着一个中心进行，即高扬人的理性，不要一切都听命于造物主、神。可以说，近代西方革命就是从一个神文文化向人文文化转变的过程。但在中国就没有这样的变革，因为我们始终是把人放在最根本的位置，且强调人的主体性、独立性和能动性。

敦煌莫高窟的价值及其现代文化角色

樊锦诗

樊锦诗，女，浙江杭州人，1938 年 7 月出生。1963 年 7 月北京大学历史系考古专业毕业后到敦煌文物研究所（敦煌研究院前身）工作至今。历任敦煌文物研究所副所长，敦煌研究院副院长、常务副院长、院长，现任敦煌研究院名誉院长、研究馆员，《敦煌研究》期刊主编。主要社会兼职有中央文史研究馆馆员，第八、九、十、十一、十二届全国政协委员，第十一届全国妇联执委，中国敦煌吐鲁番学会名誉会长，中国敦煌石窟保护研究基金会名誉理事长。

樊锦诗先生从事石窟考古、石窟保护与管理研究工作 54 年，主编和出版了《敦煌石窟全集》（专题分类全集，26 卷本）、《敦煌石窟全集》（第一卷，《莫高窟第 266—275 窟考古报告》）等十多部专著，并发表《敦煌莫高窟北朝洞窟的分期》《建设世界一流的遗址博物馆》《数字化时代的敦煌石窟》等数十篇论文。

一、敦煌莫高窟和藏经洞的创建背景与内容

（一）创建背景

敦煌位于甘肃省西端。根据敦煌附近出土距今 4000 多年前

的人形彩陶罐，说明那时已有先民在此活动。春秋战国至秦代，先后有大月支、乌孙、匈奴等民族在此游牧。公元前138年、前119年，西汉武帝两次派遣张骞出使西域，本想去联络已西迁中亚的大月氏和西域（汉以后玉门关、阳关以西地区总称。本文取狭义，约今新疆）的乌孙共同来夹击匈奴，这个目的虽然没有达到，却使中国与欧亚大陆之间的交通全线打通。

西汉王朝打败匈奴后，于公元前111年，采取"列四郡、据两关"的举措。行政上将甘肃兰州以西的河西走廊纳入版图，由东向西设武威、张掖、酒泉、敦煌四郡；军事上四郡之北修筑长城，敦煌西面设置玉门关、阳关，并征召士兵在敦煌戍边屯田。这些举措，不仅保障了汉王朝西部边疆的安全，而且使敦煌成为往来汉地与西域的重镇。与此同时，汉王朝还采取积极的开发边疆的措施，从内地向敦煌和河西走廊移民；内地居民带来了中原的农耕和水利灌溉技术，改变了原来的游牧经济，又传入了以儒家思想为主的中原汉文化。总之，上述举措确立了敦煌在历史上的重要地位和作用。

含敦煌在内的河西走廊全长1200公里，是一条天然的地理上的走廊，它的南边是祁连山和青藏高原，北边是北山和蒙古高原。在公元前2世纪至公元9世纪，也就是汉唐时期，海运尚不发达，敦煌及其河西走廊成为陆上中原通向欧亚的主要交通干道，也就是18世纪后通常所称的"丝绸之路"。史书称敦煌位于古丝绸之路上的"咽喉之地"，以汉代敦煌为例，向东可通往长安、洛阳，继续东延，可到朝鲜半岛和日本列岛；向西经过西域可到中亚、南亚、西亚，乃至地中海的北非和南欧。汉唐王朝时期，敦煌处于丝绸之路上的战略要地，它既是东西方贸易的中转站，也是宗教文化和知识的交汇处。据敦煌附近遗址出土的汉代简牍记载，作为汉王朝西大门的敦煌，曾接待过丝绸之路沿线29

国的使节。自东汉开始，东来中国传播佛教、摩尼教、袄教的传教者，以及从中国出发，西行求法的佛教高僧，大都要经过敦煌进出。丝绸之路上东西文化持续千年的交流，蕴育了敦煌莫高窟和藏经洞文物的硕果。

古印度的释迦牟尼（前565—前486）创立了佛教。原始佛教时期没有佛教造像艺术。大乘佛教兴起后，经过印度文化艺术与波斯、希腊、罗马和中亚文化艺术因素长期混合交融，约公元前1世纪在古印度西北部的犍陀罗地区（今巴基斯坦白沙瓦地区）和古印度北部马图拉地方（距今印度首都新德里东南141公里），产生了被称为"犍陀罗"和"马图拉"的佛教造像艺术。约在公元前后印度的佛教和佛教艺术经过丝绸之路传入了中国。从印度传来的上述两种佛教艺术，影响了我国的早期佛教艺术。

（二）敦煌莫高窟的创建与主要内容

据史书记载，西晋太康五年（284）号称"敦煌菩萨"的竺法护等高僧在敦煌首次翻译佛经，过去学界认为这就是敦煌开始接受佛教的时间。

然而，20世纪90年代，在敦煌悬泉置汉代遗址出土了一枚东汉（25—220）时的简牍，上面写着"浮屠里"的地名。"浮屠"是佛教的专有名词，表示"佛塔"。"里"是指古代居民的基层管理组织。敦煌的一处地方用佛教的"浮屠"来命名，可能与佛教有关系。根据这枚简牍推测，早在东汉时期敦煌可能已接受了经过西域传入的佛教。

据公元698年的唐代《李克让修莫高窟佛龛碑》记载，公元366年，有个名叫乐僔的和尚，"行止此山"，即鸣沙山东麓，后来建造莫高窟之处，看到对面的三危山"忽见金光，状有千佛"，他便在此开凿了第一个洞窟，次有法良禅师"又于僔师龛侧"，开了第二个洞窟。碑文记载莫高窟的营建开始于两位僧人。此后，莫高窟建窟、塑像、绘画的佛事活动连续 10 个世纪，直到 14 世纪的元代以后才停止了建窟。

莫高窟开凿在 1700 多米长的断崖上，迄今保存了 735 个洞窟，分成南北两区。南区的 492 个洞窟，是供奉与礼佛的殿堂，里面共有 2000 多身彩塑、45000 平方米壁画；北区的 243 个洞窟，是僧侣修行和生活的场所，里面只有土炕、土灶。

莫高窟是洞窟建筑、彩塑和壁画组成的综合艺术。洞窟建筑因功能不同而有不同的建筑形制；彩塑是接受膜拜的主体，置于窟内最显著的位置；壁画布满全窟所有壁面，形象地表现了佛教的思想理义及其丰富细致的内容。三者互相呼应，交相辉映。

石窟建筑形制主要有 3 类。第一类是禅窟，受印度禅窟（梵语称毗诃罗窟）的影响。是供修行者坐禅修行的洞窟。正壁开龛塑像，左右两侧壁各开两个或四个仅能容一人打坐修行的斗室。第二类是塔庙窟，又称中心塔柱窟，受印度有雕刻佛像的塔窟（梵语称支提窟）的影响。平面长方形，在洞窟内凿出连地接顶的中国式方形楼阁式塔形，塔柱的四面开龛塑像，象征佛塔，供修行者入窟绕塔观像礼佛。第三类是殿堂窟，受传统中原皇宫贵族建筑里面又设倒斗顶帐的设施影响。在魏晋时代墓葬的墓室早已流行这种倒斗顶形式。殿堂窟平面方形，倒斗形窟顶，正壁开龛塑像，是供修行者礼佛听法的场所。第一、二类洞窟形制主要盛行于十六国北朝时期；第三类洞窟形制自北魏末、西魏出现后，长期盛行。

彩塑题材，主要表现的是具有智慧最高、大彻大悟的佛像；自身觉悟又能普度众生的菩萨像；虔诚修行、求得自我解脱的弟子像；守护佛法的天王、力士像。

接下来介绍壁画题材。因为敦煌壁画题材的丰富，即便做简要的归纳，也有 7 类。

　　第一类　尊像画　绘画的题材与彩塑的题材基本相同，还有包括飞天在内的佛教天龙八部护法神众。优美的飞天，与西方教堂里的小天使形象不同，飞天没有翅膀。但其飞舞的动作自如而飘逸，轻盈舒展的飞翔，以及被风吹拂起来的长裙和翻飞展卷的披巾，给人以愉悦的艺术享受，令人流连忘返。飞天属于天龙八部中的乾达婆、紧那罗。乾达婆是天歌神，又叫香音神，是以歌舞、香气、鲜花供养佛的护法神。紧那罗为天乐神，是专司奏乐的护法神。

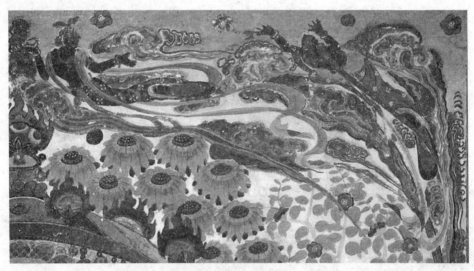

飞天（莫高窟第 320 窟　盛唐）

　　第二类　释迦牟尼故事画　因佛祖释迦牟尼具有最高智慧，是所有修行者修行效仿的榜样，释迦牟尼的故事势必成为佛教艺术的重要题材。这类故事画包含三个内容，一是表现乔达摩·悉达多太子从投胎出生到成为佛陀的佛传故事；二是释迦过去世为救度众生而行布施、忍辱、牺牲等种种善事的故事，是为本生；三是释迦成佛后传教说法、度化众生的因缘故事。

　　我给大家介绍一个有代表性的本生故事，即"萨埵太子舍身饲虎"。一天，古代宝典国太子萨埵和两位兄长一起，在山林中游玩，偶遇一群饿得奄奄一息的老虎，怀慈悲之心的萨埵见了此状便纵身跳崖饲虎，可是老虎们已经饿得连咬他的力气都没有了。于是萨埵又爬上山去，找了一根木刺，刺破喉咙，再次纵身跳崖饲虎。饿虎们舐食了萨埵流出的鲜血，渐渐地有了力气，接着就把萨埵身上的肉吃得精光。后来两位兄长找到一堆萨埵的白骨，急忙回来报信，国王和王后闻讯哀伤不已。两个哥哥收拾萨埵遗骨，起塔供养。这时，天乐忽然响起，赞颂萨埵的善行。国内外很多地方都绘画或雕刻过萨埵太子舍身饲虎的题材，而莫高窟这幅北魏时期的壁画，可以说艺术水准较高。莫高窟北魏第254窟此画构图方式为一图数景，即把不同时间、不同地点、不同情节的事放在同一个画面，这是受古老印度艺术的影响。

　　第三类　中国传统神仙画　有人可能会疑惑，莫高窟表现的不是佛教艺术吗，为什么又要画神仙画呢？佛教作为一种外来宗教，若要融入中国社会文化，一定要吸纳当时中国人的精神需求，于是便把那时社会普遍信仰的传统道家神仙形象画入了佛

伏羲和女娲（莫高窟第285窟　西魏）

窟。如洞窟中采用中国绘画艺术形式，绘画了东王公、西王母、伏羲、女娲等等中国神仙形象。以此促进佛教与中国传统文化相融合。

　　第四类　经变画　什么是"经变"呢？简单说，就是将单部佛经的主题思想和内容，演绘成一铺大幅壁画。洞窟中的经变画一般都是10多平方米、20多平方米，甚至有三四十平方米。根据唐代张彦远《历代名画记》记载，经变画是隋唐时期的著名画家们为长安、洛阳为代表的中原地区的佛教寺庙创造的中国化的佛教艺术。他们以丰富的想象力，将佛经思想和中国传统的人物画、建筑画、山水画、花鸟画、社会风俗画巧妙地结合在一起，创造了宏伟壮丽、气象万千的理想中的佛国世界。

观无量寿经变（莫高窟第217窟　盛唐）

　　经变画的出现，与隋唐时期中国化的佛教宗派思想的产生有关。反之，规模宏大、气势磅礴的经变画，又推动了中国佛教宗派思想的传播。现在唯有敦煌石窟保存了 30 余类经变画的真迹，有成千铺之多。隋唐时期中原名家创造的经变画不仅传到了敦煌，还传到国外的日本和朝鲜半岛。日本保存至今的经变画，其艺术特征与中国敦煌的经变画十分相似。无论中国敦煌的经变画，还是日本的经变画，其源头都是中国的长安或洛阳。

第五类　佛教史迹画　描绘佛教史上的一些传说或故事，以及佛教圣地、圣迹的故事画。此类题材的壁画，在传播佛教、吸引信徒方面发挥了重要作用。如果剔除其夸大和杜撰的成分，对研究历史、地理和佛教史也具有参考价值。

第六类　供养人画像　为祈福禳灾出资开窟的功德主及其眷属礼佛供养的画像。千年的供养人画像，反映了不同时代、不同民族和不同身份的衣冠服饰，供养人画像身旁书写籍贯、姓名、职衔的文字题记，是研究敦煌历史和敦煌石窟营建史的重要史料。

男女供养人像和题记（莫高窟第 285 窟　公元 538 年）

第七类　装饰图案画　用于装饰各洞窟的建筑、佛龛、彩塑，并分隔不同内容的壁画。装饰图案纹样繁缛，色彩缤纷，并吸收外来艺术元素。它像一条精美的纽带，将洞窟建筑、彩塑和壁画连接成风格统一的有机整体。

（三）藏经洞文物的发现、流失和主要内容

1900 年 6 月 22 日，寄居莫高窟下寺的道士王圆箓，在清理今编第 16 窟积沙时，无意间发现了藏经洞（今编第 17 窟），出土了公元 5—11 世纪初 5 万余件多种文字的古写本和少量印本，其内容主要有宗教典籍和文献、社会官私文书、中国四部书以及绢画和刺绣等文物。藏经洞是极其珍贵的文化宝藏，是"方面异常广泛，内容无限丰富"的新资料，大部分是失传的写本，并且是古代社会文化的原始记录，反映了古代社会多方面的真实面貌。遗憾的是，清朝末年的黑暗年代里，藏经洞出土文物得不到保护，大部分被西方列强劫掠而走，流散于英、法、俄、印、日等 10 余个国家的 30 多个博物馆、图书馆，以及国内的 30 多个博物馆、图书馆。

二、敦煌莫高窟和藏经洞文物的文化价值

（一）历史价值

首先介绍宗教典籍。在藏经洞汉文文献中 90% 左右是佛教经典和文献。就佛经而言，有很多不见于传世《大藏经》，或者在中原地区业已失传；即使有些佛经与《大藏经》的一些经典相合，仍有校勘价值。还有一些是中国僧人写的佛经，过去被视为"疑伪经"，以区别于从印度传入的正统佛经。

此外，道教经典。道教是土生土长的中国宗教，是传统道家的神仙方术和"黄老思想"结合的产物。李唐王朝的皇帝姓李，与老子同姓，李唐王朝出于抬高自身门第的需要，奉老子为远祖，对道教采取尊崇的态度，于是唐朝社会都受到了影响，即便边远的敦煌都在县里和乡里修建道观。藏经洞的道教经典，有数百件之多，质量上乘。

还有外来宗教文献。首先，景教是古代基督教中的聂斯托利派，因其对于基督教教义的理解不同，被东罗马视为异端，后来流入波斯帝国，在那里得到保护。在唐朝初期传入中国，得到唐

太宗支持。敦煌文献《景教三威蒙度赞》，是景教教徒在举行宗教仪式时唱颂的赞美诗。此外，敦煌还有基督教其他的经典，如莫高窟北区石窟发现的元代叙利亚文《旧约圣经》，这属于年代较早的一件《圣经》版本。

其次是祆教。祆教创始于公元前6世纪的古波斯，因其创始人名叫琐罗亚斯德，所以被称为琐罗亚斯德教。中国人则用汉字"祆"来称呼这个宗教。祆教是二元论的宗教，认为代表善良的神与代表邪恶的神之间永恒的对立和斗争，从而创造了这个世界。该教认为代表着"无限光明"的至高之神创造了火，教徒将拜火视为其神圣的职责，于是拜火教成为它另一个别称。敦煌文书中没有发现汉文祆教经典，但有关于祆教的记载。大约在公元4世纪的时候，祆教就传到了敦煌，敦煌唐代有称作"祆祠"的祆教寺庙，藏经洞还出土了祆教的善女神和恶女神的线描彩图，图中女神的头冠和手中所持之物体现了鲜明的异域色彩。

莫高窟壁画中的祆教女神（藏经洞出土）

再次是摩尼教的文献。摩尼教是公元3世纪中叶由波斯人摩尼创立而得名。也是二元论宗教。在宗教的宇宙观上，摩尼教受到了祆教很大影响。《摩尼光佛教法仪略》是摩尼教现存的三部汉文文献之一，作于开元十九年（731）。由当时派驻长安的摩尼教人士拂多诞奉唐玄宗之命，撰写的介绍摩尼教的历史、教主摩尼、典籍、教团组织、寺院制度以及基本教义等的解释性文献。

下面简单讲讲藏经洞出土的官私文书，这是非常珍贵的原始的社会史料。官方文书有制、敕、册、令、教、符、表、状、笺、启、辞、牒、帖、榜文、判辞、过所、公验、度牒、告身、籍账等等种类，以及与户部、刑部、兵部、吏部相关的文书；私人文书则包括契券、账历、书牍、分家产文书等等内容。它们不但为研究中古时期的文书制度、官制、兵制、均田赋役制度以及政治史提供了丰富的历史依据，而且为研究中古时期的民事契约行为与规范提供了第一手资料。如五代时期的《塑匠都料赵僧子典儿契》，讲的就是赵僧子家的供水设备出了问题，他没有钱修理，只好把他的亲生儿子典押给他的亲家，最后形成这么一份签字画押、担保债权的契约。类似这样具有重要研究价值的经济契约乃至法律文书，敦煌都有丰富的文书。

就文学作品而言，敦煌文学可以分成两大类：一类是传统的古典文学作品，如大家熟知的《诗经》《文选》；另一类是藏经洞保存了失传已久的通俗文学作品，包括变文、讲经文、词文、因缘、话本、诗话等内容，显示了通俗文学的来龙去脉与发展轨迹，对研究文学史有重要价值。另外、藏经洞还有不少非汉文文献写本，有粟特文、回鹘文、梵文、吐蕃文、于阗文、突厥文、希伯来文等。这些异域文字对研究古代西域地区与我国民族群体的交往有重要的意义。

（二）艺术价值

敦煌莫高窟艺术融汇了中国汉族和多民族艺术，又吸收了来自西域艺术的养分，形成了发展脉络清晰、自成特色的敦煌佛教艺术体系，并彰显了恢宏的中国风格、中国气派。它包含了建筑、雕塑、壁画、音乐、舞蹈、书法等多种门类的艺术，其中壁画艺术又包含了人物画、山水画、建筑画等等不同画科的绘画艺术，代表了4—14世纪中国佛教艺术的最高成就，这是我国对世界佛教艺术发展的重要贡献，在中国和世界美术史上有着重要地位。

敦煌莫高窟的雕塑艺术，经过北朝和隋代的探索发展，进入唐代，融汇了中外雕刻艺术的优点，雕塑艺术家以卓越的写实手法，展现了中国本土特色的雕塑艺术的高超造诣。这时雕塑艺术的特点，不只是达到了比例准确、造型健美、色彩华丽、神态逼真，更为突出的是进入了细腻刻划人物内心的高度，巨型佛像呈现了庄严雄伟的气势；大型卧佛像安详若睡，绝妙地表达了释迦牟尼"涅槃寂静"的意境；许多菩萨像、弟子像各有风姿神韵。唐代雕塑超越时空的魅力，成为经久传世的不朽之作。

六朝到唐代正是中国绘画艺术从发展走向辉煌的重要阶段，也是画家辈出的时代。可是现今国内外博物馆收藏的中国传世绘画，多为五代、宋以后的卷轴画。那些六朝到隋唐名家的作品基本消失。现在唯独敦煌壁画为我们保存了这个时期绘画的真迹，成为我们认识、研究六朝到隋唐时期绘画仅有的珍贵资料。

十六国和北朝前期，即公元6世纪之前，敦煌壁画人物画较多地受到了西域和印度佛教艺术风格的影响，但在接受外来艺术过程中，扬弃了不符合儒家思想的元素，注入了符合中国思想的文化艺术元素，使其成为中国人能接受的佛教艺术。北朝后期，壁画艺术进一步本土化，出现了人物面容瘦削、宽袍大袖、举止潇洒的新风格，表现了当时东晋南朝讲究玄学清谈的名士风度，这是东晋顾恺之、南朝宋陆探微"顾得其神，陆得其骨"绘画风格的表现。敦煌唐代壁画还有大量衣服飘举、笔法豪放的人物画。画家以遒劲挺拔而又富于变化的线描，成功地表现了人物的风采神韵。这是被誉为唐代"画圣"的吴道子"吴带当风"风格的反映。

山水画是中国特有的画科。青绿山水画形成于东晋南朝，青绿山水画是采用矿物颜料石青、石绿作为主色作画。到唐朝时青绿山水画趋于成熟，这是官至右武卫大将军的李思训及其儿子李昭道的创举与贡献。莫高窟盛唐

莫高窟壁画中的菩萨形象
（莫高窟第 103 窟　盛唐）

第 217 窟南壁的青绿山水画，描绘了重叠耸峙的山峦、艳丽青翠的花木、蜿蜒曲折的河流、穿行于山水间的取宝人，画面呈现出春光明媚、春意盎然的意境。此画为今人了解唐代青绿山水画的风貌提供了真实的依据。

另外，敦煌莫高窟的建筑画也值得简单说几句。众所周知，中国古代建筑是一套繁复精深的独特系统，可惜的是现在留存下来的唐代以及唐代以前的古建筑实物极少，只有敦煌壁画还保存着许多这个时期的古建筑形象资料，如有城市、宫殿、寺庙、佛塔、民居、桥梁等等众多建筑类型，并向我们揭示了中国成组古建筑平面布局作左右对称的中轴布置的特点，以及复杂的建筑构件的细节，填补了建筑实例缺失的空白。

（三）科技价值

在莫高窟壁画和藏经洞的写本中，不但表现了古代敦煌地区

木构寺庙建筑及其构件（莫高窟第 217 窟　盛唐）

农业生产劳作的过程和各种农业生产工具，而且保存了交通、天文、医药、印刷术等等方面的科学技术史料。

在众多农业生产工具中，特别要提到曲辕犁。这是一种造型轻巧、犁地时可以调节犁头深浅的耕犁。晚唐人陆龟蒙在公元 9 世纪晚期著有《耒耜（lěi sì）经》，里面对曲辕犁有所记载，但至今没有发现实物。而莫高窟盛唐第 445 窟《弥勒经变》农耕图中绘制的曲辕犁，是目前所见最早的曲辕犁造型，从而能够说明曲辕犁在我国的使用不晚于 9 世纪。

敦煌作为中西交通的枢纽，在壁画上也留下了宝贵的交通工具的形象资料，如以牛、马、骆驼等畜力牵引的车辆，以及形式多样的轿子。

星象的观测是天文学的基础。我国在战国时期已初步形成古代天文学体系。藏经洞所出 S. 3326《全天星图》绘制于唐代，描绘了当时人们肉眼所能观测到的星官。《全天星图》的画法是，赤道区从十二月开始，按照太阳每月所在的位置，分十二段，把赤道带附近的星星，利用类似德国麦卡托（1512—1594）圆筒投影的方法画出来。但此图的绘制时间要比麦卡托发明此种绘制方法早600多年。此图共有1348颗星，是世界上现存最古老、星数也较多的一个星图。

　　隋唐五代时期的医学、药学已经相当发达，可惜相关著作在宋代以后大多陆续散佚。因此，藏经洞文献中存有的多达70余种隋唐医药典籍便具有无可替代的补佚与校勘价值。敦煌医药文献中既包括医经诊法，也有医药医方、针灸药物等内容。其中《灸法图》《新集备急灸图》等灸疗、针灸方面的专著都极为珍贵。

雕版印本《金刚般若波罗蜜经》［唐咸通九年（868）］

　　中国发明的古代印刷术经历了雕版印刷术和活字印刷术两个重要发展阶段。藏经洞出土的木刻雕板《金刚般若波罗蜜经》印本，经长488厘米、宽30.5厘米，其中有"咸通九年（868）四月十五日王玠为二亲敬造普施"题记，扉页上雕刻了人物、狮子、器具等图像，刻划精美、刀法圆熟，印刷的墨色浓厚匀称，为世界上现存最早的雕板印刷品之一。

在这里我想多谈一些，为什么敦煌莫高窟及藏经洞文物遗存如此丰富、包罗万象呢？简单说来有三个原因。第一是跟纸张有关。大家都知道造纸术是东汉蔡伦发明的，但正式使用纸张要迟到东晋，所以，中古时期纸张的珍贵可想而知。藏经洞出土的佛经等书籍的背面、裱纸和备用纸上，之所以存留下数量相当多的官私文书，这实际是纸张重复利用的结果，这样在不经意间，为现在的历史研究提供了许多传世文献所没有的原始文献档案。第二是古代的基层教育，不仅有州学和县学，寺庙也办学，名叫寺学。寺学教授内容包括蒙童读物、儒家经典、少数民族文字等，这也能解释藏经洞出土文献的多样性。第三是莫高窟持续营建千年，不同时代的画家只能依据其所见到的时代环境和时代所赋予的灵感，去描绘他们心目中的佛国世界，从而去宣传和普及佛教教义，因此，不同时代创造的佛教艺术，必然展现着不同时代的物象、风俗和审美。长达千年的历史发展和变化，凝结成了敦煌文物的无边无垠。

三、敦煌的现代文化角色

16 世纪中叶，嘉峪关封闭，莫高窟的建窟者都东迁而走，从此莫高窟停止营造，遂被遗弃。在此后的 400 年间，更是处于无人管理、任人破坏偷盗的境地，令莫高窟破败不堪。1900 年敦煌莫高窟藏经洞的发现，加之其出土文物流散于国内外，引起了世界对于敦煌的关注，并在世界上兴起了一门以藏经洞和莫高窟文物为研究对象，以敦煌地名命名的学问，也就是"敦煌学"。之后国民政府将敦煌莫高窟收归国有，经过一年筹建，于 1944 年在莫高窟成立了国立敦煌艺术研究所，以常书鸿、段文杰先生为代表的老一辈先生远离城市，扎根大漠戈壁，艰苦创业。

　　中华人民共和国诞生后，敦煌艺术研究所更名为敦煌文物研究所，得到党和国家的高度重视，并为其制定了"保护、研究、弘扬"的办所方针。20世纪60年代初，国家在财政非常困难的时期拨出巨款，通过加固维修工程，使濒危的莫高窟危崖和洞窟得到妥善保护；中央还专门请来国外的壁画保护专家，开始了莫高窟壁画的抢救性保护。敦煌文物研究所画家们的敦煌艺术临摹品也被送到日本、印度、波兰、捷克等国家展览。

　　改革开放之后，甘肃省委、省政府高瞻远瞩，将原来的研究所扩建为敦煌研究院，扩大了编制，增加了部门，汇聚了人才，改善了条件。与此同时，莫高窟被国家推荐，经联合国教科文组织世界遗产委员会批准，列入世界文化遗产名录——这些都为敦煌研究院迈入国际合作，为莫高窟实现保护、研究、弘扬的全面快速发展提供了大好机遇。20世纪80年代后期，敦煌研究院凭借开放的思维，通过与美国洛杉矶盖蒂保护研究所、日本东京文化财研究所以及东京艺术大学合作为起点，逐步扩大到与美、日两国的其他高校、科研机构、基金会展开合作，后又与其他国家的相关机构进行交流合作，如澳大利亚国家遗产委员会、英国伦敦大学考陶尔德学院等。敦煌研究院通过国际交流合作，以及在合作中学习国际先进的保护理念、保护技术和管理方式，由此进入了一个崭新的阶段。

　　在甘肃省政府支持下，《甘肃敦煌莫高窟保护条例》得到省人大批准颁布；后又制订了《敦煌莫高窟保护总体规划（2006—2025）》，经省人民政府批准公布后实施。这样就把莫高窟世界文化遗产的科学保护与管理推向了法制化、规范化的轨道，形成了严格依据相关法律法规进行遗产保护管理的规范。

　　在对莫高窟长期保护管理的实践中，敦煌研究院建立起壁画抢救性保护的科学技术体系，抢救保护了大量珍贵的壁画，在风险管理理论指导下的预防性保护科技体系也已经初步创建。在日常保护工作中，注重贯彻整体性保护的理念，在保护莫高窟本体洞窟、壁画和彩塑的同时，对莫高窟周围的寺庙、舍利塔、山脉、沙漠、河流、植被等人文和自然环境均采取有效的保护措施，比如采用阻、固、输、压等综合治理风沙的办法，最终使莫高窟的流沙威胁减少了80%左右。

敦煌研究院以国际化的视野，积极地采取"外引内联"的措施，请进来、走出去，通过加强国内外合作，促使我们的文物保护修复科技水平得到了长足进步，并与国际接轨；在国内古代壁画和土遗址保护研究领域，研究院也居于领先地位，成为我国文化遗产保护的生力军，在我国西北乃至全国的石窟寺和土遗址保护中都发挥了积极的作用。

为永久保存、永续利用敦煌石窟信息，敦煌研究院采用数字技术，对敦煌石窟的每个洞窟及其壁画和彩塑全部实施数字化工程，建立高保真的敦煌石窟数字档案。数字敦煌图像资源不仅用来为敦煌石窟的保护、研究、弘扬服务，而且还使敦煌艺术活起来，走出莫高窟，在国内外举办各种不同类型的数字敦煌展览，向全球上线"数字敦煌资源库"30个洞窟高清数字图像，充分运用新媒体、网络平台、手机APP等方式传播展示敦煌艺术，使古老的敦煌艺术与现代技术相融相通。

1979年莫高窟正式对外旅游开放，当年游客总计年1万余人次，而这个数字在2016年已攀升到年130万人次，预计还将继续攀升。面对旅游开放的快速发展，敦煌研究院坚持常年监测开放洞窟的游客流量、壁画病害和洞窟相对湿度、温度、二氧化碳等微环境变化，探讨各种因素之间的关系，同时开展莫高窟单日游客最大承载量研究。根据研究得出的科学数据，大力推进旅游开放模式的改变，在国家的支持下，兴建了"莫高窟数字展示中心"，建立起"前端数字电影体验＋后端实体洞窟参观"的新型参观模式，以及科学的预约管理制度，从而既有效地保护了脆弱的洞窟文物，又让游客得到了更好更充分的游览体验，最终使二者达到了平衡，而莫高窟单日游客承载量也从原来的3000人次提升至6000人次。

敦煌研究院的专家学者经过多年的耕耘，在敦煌学研究领域取得了卓著的成绩，出版了一批有分量、有影响的敦煌学研究专著和大型系列丛书，并且通过出国学术访问、考察、与国际学术界的频繁交流，使敦煌研究院成为国际敦煌学研究的重要基地和最大实体。

敦煌研究院在各项工作的创新发展过程中，也培养了理工、文史、艺术、管理等方面的人才，现在已形成了一支多学科结合的人才队伍，为莫高窟的保护、研究、弘扬和管理工作，提供了充足的人力资源支撑。

敦煌研究院经过长期实践形成的莫高窟有效保护、合理利用的工作方式，得到了国内外同行的肯定和社会的广泛认可。如2010年在巴西召开的世界遗产委员会第34届会议，主办方将敦煌莫高窟的保护管理、旅游开放经验作为典型案例，向各国世界遗产地传播，供大家分享。2012年，敦煌研究院还被推荐为遗产地保护管理最佳案例。伴随着敦煌研究院在专业领域取得的成果，以及越来越多地在国外举办敦煌展览，全方位展现敦煌艺术，敦煌在世界上的知名度和影响力逐渐扩大，同时也起到了提升国家形象的作用。

习近平总书记《在文艺工作座谈会上的讲话》中指出："文化是民族生存和发展的重要力量。"敦煌莫高窟及其藏经洞文物，对我们提供学术研究资料，传承弘扬中华民族优秀传统文化，滋养国民道德素质，增强民族凝聚力，都具有重要意义。相信在座的各位也都能感受到，它是一座独具特色、博大精深、绚丽多彩的世界文化艺术宝库。今天，我们要更好地保护它、研究它、弘扬它，让它为中华民族伟大复兴、中华文化繁荣兴盛、中外文化融会交流，做出更多的贡献，绽放更夺目的光彩。

中医对生命的认知与健康维护

曹洪欣

曹洪欣，1958 年生。医学博士，教授，博士生导师。中国中医科学院首席研究员，中央保健专家，第十一届、十二届全国政协委员，国家非物质文化遗产项目（中医生命与疾病认知方法）代表性传承人，国务院学位委员会（中医学）学科评议组召集人，国家有突出贡献中青年专家，享受国务院政府特殊津贴。《中华医学百科全书》中医药学类总主编，《国际中医中药杂志》主编等。

主要从事中医理论传承与创新、中医治疗心血管、肾病等疑难性疾病与中医药发展战略研究。主持国家 973、863、国家支撑计划与自然科学基金重点课题等 16 项。主持研究的成果获国家科技进步二等奖 2 项、国家技术发明二等奖 1 项、国家教学成果二等奖 1 项。获何梁何利科学与技术进步奖、中国专利优秀奖，被评为中国当代教育名家，被俄罗斯外交部授予国际合作发展奖。编著《中医心悟》《中医基础理论》《中医学概论》等学术著作 40 余部，发表学术论文 400 余篇，培养博士研究生、博士后 70 余人。

　　习近平总书记指出："中医药学是中国古代科学的瑰宝，也是打开中华文明宝库的钥匙。"高度概括了中医药学的战略定位。党的十八大以来，以习近平总书记为核心的党中央，高度重视中医药的传承、创新和发展。国务院《中医药发展战略规划纲要》（2016—2030）与《中华人民共和国中医药法》的颁布实施，确定了中医药学发展方向与法律保障体系。正确认识中医药这一祖先留给我们的宝贵优秀文化遗产，将其继承好、发展好、利用好，是建设健康中国的战略举措，也是传承弘扬中华优秀文化的历史使命。

一、认识中医

（一）中医的内涵

　　说起中医，绝大多数人会想到几千年中医药对中华民族繁衍昌盛做出的历史贡献，也有人会提起鲁迅所讲的"中医都是有意无意的骗子"的描述，恰恰后者是"新文化"时期国人对中医误读的一个真实写照。

　　随着中华民族的崛起和传统文化的复兴，人们对于中医药蕴含的优秀文化与宝贵知识认知更加深刻。1949 年以后，以毛泽东主席为核心的党的第一代中央领导集体从中国国情出发，正确对待中医药在新中国社会发展中的地位和作用，毛主席指出，"中国医药学是一个伟大宝库，应当努力发掘，加以提高"，采取一系列措施如创建中医药高等院校、科研院所与建设中医医院等，使中医药事业逐渐走向复兴。党的十八大以来，习近平总书记大力倡导中西医并重，发展中医药事业，把中医药纳入国家发展战略，中医药进入全面发展新时代。

　　中医药包括民族医药，是我国各族人民在几千年生产生活实践和与疾病斗争中逐步形成并不断丰富发展的医学科学。中医药学是包括汉族和少数民族医药在内的我国各民族医学的总称，反映了中华民族对生命、健康和疾病认知的理论与实践。从上古时代的伏羲制九针、世代传颂的神农尝百草，到有文献可考的《五十二病方》和《黄帝内经》，都可以证实中医药学是一门具有悠久历史传统和独特理论与技术方法的医学知识体系。

中医药学起源发展于中国，蕴含着丰富的中华优秀文化，有效地指导着人民健康维护与防病治病。很多周边国家，如日本、韩国等，将其称为"汉方医学""东洋医学""东亚医学"等，形成中医药名称去中国化的状况。2007 年韩国将《东医宝鉴》作为"韩医"的一部分申报世界非物质文化遗产，列入了世界记忆工程名录，引起我国政府对中医药文化遗产保护的高度重视。在文化部等有关部门的大力推动下，2011 年我国将《黄帝内经》《本草纲目》成功申报世界记忆工程名录，彰显中医药是中华优秀文化传承与弘扬的重要载体。

中医药学是中华民族的伟大创造，是人文与生命科学有机结合的系统整体的医学知识体系，是我国具有自主知识产权的优势领域。作为中华优秀文化重要组成部分的中医药文化，既是中医学理论与实践的精神财富和思想基础，也是发展中医药的灵魂和动力。

（二）中医的特征

中医学蕴涵着丰富而深厚的中华文化精华，形成中医药文化特色，体现在哲学、人文科学与生命科学的有机结合。其特征主要体现在以下三方面：

1. 科学性。中医学是研究人体生命、健康与疾病防治规律的医学科学，它的历史虽然古老，但其理念并不落后。中医药学以整体观念为指导，追求人和自然的和谐共生，从整体上系统把握人体健康，有效吸取哲学、人文、天文、地理等社会科学与自然科学成就，形成系统完整的生命科学知识体系。

几千年来，不断丰富发展的中医理论有效地指导着人们的养生保健与医疗实践，形成理、法、方、药有机统一的理论体系。在生理上，以脏腑经络、气血津液为基础，主张阴阳平衡、脏腑和调、气血畅通；在诊疗上，以辨证论治为特点，重视因人、因时、因地制宜和疾病的动态演变；在方药上，根据药物性味归经，运用七情和合、君臣佐使的配伍法则，使方剂配伍起到减毒增效的作用。这些特点符合现代医学发展的理念和方向，其科学内涵不断得到诠释，体现了中医药学的科学性、先进性。现代生命科学所遇到的诸多困难和挑战，能从中医药学中找到解决的思路和方法。

2. 人文性。随着现代医学的发展，人们对人的认识越来越深刻，西医发展到今天也认为单纯从自然科学这个维度认识"人"的局限性，人的精神、意识、思维活动等超脱了自然科学范畴，人文与科学的融合是未来医学发展的必由之路。

中医学恰恰适应于这种发展理念，其所蕴含的中华文化和人文精神，是中华优秀文化软实力的重要体现。"医乃仁术"的价值取向、"大医精诚"的医德医术是中医不懈追求的理想信念。治病救人是医生的道德底线，医德修养是衡量医生素质的基本要求，"大医精诚"是医生医德医术的至高追求。

3. 艺术性。中医运用望、闻、问、切四种诊法，收集人体的外在信息，通过综合、分析、判断人体的整体状态（证候），确定相应的治疗原则和方法。一个医生不是单纯靠问诊，也不是单纯靠望诊，更不是单纯诊脉测病，而是望、闻、问、切四者合参、对人综合分析。所以临床上，许多中医医生内、外、妇、儿科疾病都能治疗，但绝不是泛泛论治，而是把人的内科、外科疾病等综合考虑，采取急则治标、缓则治本或标本兼治的整体治疗调理。

中医通过四诊合参的诊疗模式，体现了人文和艺术相结合的关怀诊疗过程，这也是中医很少出现医患关系紧张状况的原因之一。辨证论治的理论与实践既充分体现"以人为本"的个体化诊疗模式，又能够有效实现早期干预的医学"战略前移"的目标，充分体现了中医诊疗方法的艺术性。

"医者，意也"。"意"指的是"意念""意会"。指真正的医生在看病人时，绝非单纯地仅看结构或功能，而是将逻辑思维和悟性思维有机结合，形成以辩证逻辑为主的诊断思维模式。从科学性、人文性和艺术性三方面理解中医，就会对中医有更加全面而深刻的认识。

（三）中医学理论体系的形成

中医学理论是中国古代自然科学和社会人文科学相互交叉而形成的综合性、系统性的知识体系，具有复杂性科学的特征，是我国最具原创空间的科技优势领域之一。春秋战国时代，中国社会急剧变化，政治、经济、文化都有显著发展。诸子蜂起，百家争鸣，学术思想空前活跃，儒、道、阴阳、墨等对后世影响巨大的学术流派相继诞生，元气论、自然观和阴阳五行学说等在战国时期也已显露雏形或渐臻成熟；天文、历算、气象、物候、生物、心理、逻辑等自然科学知识取得长足进步。这些为古代医家总结医学经验、建构医学理论奠定了思想基础和方法工具。同时，从殷商始，医师专业分化，医疗经验积累增多，又为理论总结升华提供了条件。一些理论雏形，如病因学的"六气说"等已相继出现。因此，先秦时期可以看作是中医理论体系的孕育期。

秦、汉大一统社会文化格局的形成，为中医理论体系的建构提供了思想文化基础。创作于战国、秦、汉之际，大约成书于西汉时期的《黄帝内经》，总结了西汉及以前的医学成就和临床经验，吸收了当时哲学、天文学、地理学、历算学、物候学、生物学、心理学、逻辑学等多种学科的成就，系统地阐述了人的生理病理及疾病诊断、防治等问题，确立了中医学的理论原则，奠定了中医学的理论基础。《黄帝内经》由《素问》和《灵枢》两部分组成，在系统阐述医学问题的基础上，还涉及哲学与其他自然科学的知识。就医学内容而言，包括人体解剖、藏象、经络、气血津液、体质、病因病机、诊法、辨证、养生、治则、运气、医学心理、时间医学、地理医学、气象医学、针灸学，以及临床各科的部分内容，因此成为中医理论发展及中医学科分化的母体。直至现代，《黄帝内经》的许多理论知识仍有重要的指导意义，故一直被奉为中医学之圭臬。

东汉时期托名秦越人所撰的《难经》，是一部以问难方式探讨医学理论的专著，许多问题或答案源自《内经》，可视为《内经》之辅翼。《难经》的内容比较丰富，涉及生理、病理、诊断、病证和治疗等多个方面，尤其对脉学详细而精当的阐述、对经络学说以及藏象学说中命门、三焦的论述等，在《内经》的基础上有所发展，是继《内经》之后的又一部中医经典著作。

东汉末年著名医学家张仲景在《内经》《难经》的基础上，系统总结前人的医学成就，并结合自己的临证经验，撰成我国第一部临床医学专著《伤寒杂病论》，后世分为《伤寒论》和《金匮要略》两书。《伤寒论》着重探讨外感疾病诊治，归纳外感疾病发生、发展规律，分析疾病不同阶段的变化特点及诊疗要点，提出外感疾病的六经辨证纲领，记载方剂113首。《金匮要略》着重探讨内伤杂病诊治，以病分篇，论述40多种疾病的因、机、证、治，贯穿着内伤杂病的脏腑辨证方法，收载方剂262首。张仲景《伤寒杂病论》确立了辨证论治的中医诊疗体系和理、法、方、药等运用原则，使中医理论与临床融贯一体，开辟了中医临床医学的先河。

总之，秦汉时期问世的上述医著，从不同方面奠定了中医理论体系的基础，形成了中医学的学术范式，确定了中医学理论体系发展的基本脉络。

（四）中医的作用

中医不仅对中华民族的繁衍昌盛做出巨大贡献，同时对世界文明也产生了积极的影响。通过对我国古代555次疫病大流行状况分析，汉末三国与明末清初是瘟疫流行高发时期，由此形成中医学史上两次划时代的理论创新——伤寒与温病理论的形成。东汉时期伤寒病的流行，推动《伤寒杂病论》问世；明末清初温病、瘟疫的泛滥，促进形成温病理论，确定瘟疫的防治原则，新理论的创建对控制瘟疫发挥了重要作用。恰是在伤寒、瘟疫流行严重时期，我国人口却得以大幅度增长，足以证明中医药对流行性传染性疾病防治、维护民族健康发挥了重要作用。

1918—1919年西班牙H1N1流感流行，当时世界约有5亿人感染，死亡4000万～5000万人，而中国却没有出现高死亡率，得益于中医疫病防治作用。近年来，针对"非典"、手足口病以及甲流等传染性疾病的不断出现，中医始终坚持把临床与科研有机结合，进入防治疫病第一线，以其确切的疗效，得到中国政府、社会和世界卫生组织的广泛认可。

因发现青蒿素治疗疟疾，2015年10月，屠呦呦获诺贝尔生理学或医学奖的历史性突破，这是诺贝尔奖设立115年来第一个华人获得诺贝尔生理学或医学奖，也是第一个中国人获自然科学类诺贝尔奖，更是第一个以中药为研究源头的成果获得诺贝尔奖。

青蒿素的发明源于中医药治疗疟疾的理论与实践。早在《神农本草经》中就有青蒿杀虫的记载，《肘后备急方》载有青蒿治寒热诸疟，《本草纲目》有青蒿治疟功效等文献记载；《圣济总录》载有"常山饮"（常山、青蒿、乌梅、甘草）治疗瘅疟，《丹溪心法》载有用"青蒿丸"（青蒿、冬瓜叶、官桂、马鞭草）截疟等治疗疟疾方剂。《肘后备急方》提出："青蒿一握。以水二升渍，绞取汁，尽服之。"青蒿水渍的方法，为屠呦呦研究员低温提取青蒿素提供了支撑。屠呦呦研究员的突出贡献主要在于首次用乙醚低温提取出青蒿素（191、醚中干）、首次实验研究证实青蒿素对疟原虫的杀伤作用、首次临床研究证实青蒿素对疟疾病人具有确切疗效。

屠呦呦研究员获得诺贝尔奖对于中医药发展的促进作用，一是成为中医药走向世界的亮点与切入点，再如三氧化二砷治疗白血病；二是中药现代化的有效途径之一，如黄连—黄连素—小檗碱治疗代谢性疾病；三是中医药医疗保健作用更加凸显，国内外更加关注中医药。同时体现了中医药是我国具有原创优势的科技资源，体现了利用现代科学技术发掘中医药宝贵财富的有效途径，体现了中医药对人类健康的巨大贡献。

二、中医对生命、健康与疾病的认知

（一）中医对生命的认识

整体观念与辨证论治被称为中医的优势，而中医最根本的优势是基于人的观察、实践和研究，形成以人为核心的理论体系和诊疗模式。医学发展单纯依靠科学实验是不够的，在人身上发现问题、提出问题、解决问题，缩短从基础研究到临床实践的时间，恰恰是几千年来中医一直秉承和不断发展的思想和原则。

这种基于人的诊疗模式正是中医对人的认知的具体体现。《灵枢·本神》中记载"生之来，谓之精，两精相搏谓之神"，意即父母媾精结胎成形之后，神气舍心就产生生命。所以中国有

"虚岁"之说，因为中医认为从怀孕初始就有了生命，因此中医非常讲究养胎、保胎、安胎、寿胎等胎养与胎教。

《内经》强调"男八女七"的规律，是对人的生、长、壮、老、已的动态生命观的生动诠释。所谓"女子七岁，肾气盛，齿更发长；二七而天癸至，任脉通，太冲脉盛，月事以时下，故有子；三七肾气平均，故真牙生而长极；四七筋骨坚，发长极，身体盛壮；五七阳明脉衰，面始焦，发始堕；六七三阳脉衰于上，面皆焦，发始白；七七任脉虚，太冲脉衰少，天癸竭，地道不通，故形坏而无子也。丈夫八岁，肾气实，发长齿更；二八肾气盛，天癸至，精气溢泻，阴阳和，故能有子；三八肾气平均，筋骨劲强，故真牙生而长极；四八筋骨隆盛，肌肉满壮；五八肾气衰，发堕齿槁；六八阳气衰竭于上，面焦，发鬓颁白"。可以看出，女子以七岁为一个生命发展周期，先后经历换牙长发、月经与生育等过程；而男子则以八岁为生长周期。这种动态的生命观与西方单纯的"生、老、病、死"完全不一样，它体现的是中医遵循"以人为本"的原则，依据人的性别与年龄等不同时期的生理病理变化，而采取有针对性的诊疗方案。为针对不同的人群制定不同的养生、保健与医疗方案奠定了理论基础。

中医对人认知的优势，还体现在将人置于整个宇宙自然中，形成以天人相应、形神统一、脏象经络理论为核心的系统整体的理论体系。中医以脏象为核心，非常讲究天人合一，注重自然界对人的影响，强调人一定要顺应自然同时，注重形神统一，人体与精神、意识、思维活动的和谐统一。

中医脏象与西医的脏器理论不尽一致，脏藏于内，象应于外，五脏藏五神而有不同的生理病理变化，如心藏神，主神志、心主血脉、其华在面等。形成以五脏为中心，连接六腑，通过经络连接到体表官窍，从而通过体表、五官九窍的变化，推测脏腑病变，治病求本的诊疗方案。如中医治头痛不是单纯止疼，而是根据头痛的特点、性质、部位和时间，确定不同脏腑和经络病变引起的头痛，而采取清肝、活血、补肾等不同治法，真正体现了个体化的整体治疗原则。

（二）中医认识健康

中医对健康的认知可追朔到《内经》，《上古天真论》载有："上古之人，其知道者，法于阴阳，和于术数，食饮有节，起居有常，不妄作劳，故能形与神俱，而尽终其天年，度百岁乃去。"说的就是最古老的养生规律。即上古时代的人，懂得天地之间运行的道理，懂得调养自己的方法，饮食起居皆有规律，不过分消耗自己，达到人体与精神协调一致，实现自然寿命而超过100岁。由上可知，"法于阴阳，和于术数，食饮有节，起居有常，不妄作劳"是古人养生经验的高度概括，是维护健康的基础，至今值得我们现代人学习借鉴。

"恬淡虚无，真气从之，精神内守，病安从来"是维护精神健康的良方，古人主张保持平和心态，在求得淡定与心神平静虚无的基础上，寻求"天人合一"，使精神恪守于内，从而保持脏腑经络和畅，而不得病。

"阴平阳秘，精神乃治"是《内经》中论述人与自然、人体生理、病理变化关系的哲学思想，也是古代辩证法在医学中的具体应用。它要求我们人体必须经常保持相对的阴阳相互平衡、相互协调，才能维持人体正常的生理活动，从而使精力充沛、身体健康。

（三）中医对疾病的认知

中医认识疾病是对生命发生发展过程病理变化的高度概括，尽管在《内经》《伤寒杂病论》以及历代先贤的著作中记载的疾病有数百种，综合分析病因病机，认为"千般疢难，不越三条"，即外邪侵袭、情志饮食劳倦内伤、外伤与虫兽咬伤等三方面。

外邪包括风、寒、暑、湿、燥、火等六种邪气与疫疠之气，一旦侵入人体，正邪相争，导致经络脏腑失和，气血运行不畅，出现伤寒、温病等外感疾病。中医治疗外感疾病主要通过发汗解表、清热解毒、扶正祛邪等方法，把调动体内抗病能力与抑制病毒细菌结合起来，而不是单纯对抗治疗而杀菌杀毒。

精神与情绪变化影响着人体脏腑功能与气血运行。中医认为"百病皆生于气"，"怒伤肝，喜伤心，思伤脾，恐伤肾，忧伤肺"。因此保持情绪稳定、心态平和有利于维护健康，反之则脏腑失调、气机不利、血行不畅而百病丛生。

饮食、起居、作息行为不当也会引起疾病，中医学有"饮食自倍，肠胃乃伤"，"久行伤筋，久坐伤肉，久立伤骨，久视伤血，久卧伤气"的认识，即所谓"劳逸适度"。有经验的人都会知道，人躺的时间长了会感到虚弱，原因是躺久了会伤气。同时也告诉我们，做事不要一个姿势太久，太久了就会引起身体不适，甚至导致疾病。睡眠对养生保健十分重要，中医很讲究睡眠方法，强调"子午觉"。春夏秋冬睡眠有不同要求，充足高质量睡眠是健康的基础，失眠或睡眠不实是多种疾病的诱因。

中医对疾病的认知是以外邪（六淫、疫疠等）、情志（喜、怒、忧、思、悲、恐、惊七情变化）与饮食、劳逸失调以及外伤等导致气血津液失调、脏腑经络功能异常的病因病机理论，系统整体认识疾病的发生发展。

中医根据人体健康状况和生命信息把握疾病动态变化，运用望、闻、问、切四种诊法，收集人体外在信息，通过综合、分析、判断人体的整体状态（辨证），确定相应的治疗原则和方法（论治）。

中医的治疗原则以扶正祛邪、阴阳平衡、脏腑和调为主，注重人体功能的整体调节，激发人体的抗病能力和康复能力，从而达到防病治病的目的。

（四）中医的特色与优势

中医"治未病"的理论体现了中医"治人"的思想。"上医医未病之病，中医医欲病之病，下医医已病之病。"中医重视从人的外在表象上加以分析，提取更多信息，综合考虑人体各系统的机能状态，从多个环节对人体的整体机能状态进行调节，从而有效地指导临床。其作用主要体现在未病养生，防病于先；欲病施治，防微杜渐；已病早治，防止传变；瘥后调摄，防其复发。"治未病"的理念体现了顺应四时、形神共养、动静结合、饮食起居、情志调节等养生方法与模式，以及"仁者寿"道德养生的健康维护，是当代人类健康追求的方向。

中医理论指导下的简、便、验、廉、安的诊疗手段与技术（食疗、药物与非药物疗法）可有效地解决健康需求不断增加、诊疗技术飞速发展与医疗保健费用不断增高等矛盾。

随着社会经济进步、人类生存环境、健康观念、疾病谱与医学模式的变化，中医对生命与疾病认知理论的优势充分体现了以人为本、早期干预、整体调节的个体化诊疗模式。

（五）影响健康与寿命的主要因素

1. 健康概念

1984 年，世界卫生组织（WHO）在其《宪章》中提出健康新概念："健康不仅仅是没有病和不虚弱，而是身体上、心理上和社会适应能力上三方面的完美状态。"即健康包括身体健康、心理健康和社会适应能力良好，将精神健康分成了心理健康和社会适应能力两个层面。

1990 年，世界卫生组织提出道德健康概念：健康人必须具备四个条件——身体、心理、社会适应能力与道德。道德健康对应中医就是"仁者寿"的理念。

2. 影响健康与寿命的主要因素

1992 年世界卫生组织研究发现，影响个人健康与寿命的诸多因素中，自体康复因素（生活方式等）占 60%，遗传因素占 15%，社会环境因素占 10%，医疗因素占 8%，气候因素占 7%。

不难看出，影响最大的是占据 60% 的自体康复因素，它包括饮食习惯、情志因素、外邪侵袭（病毒、细菌等感染）、亚健康、老龄化进程、慢性病患者增加等。中医把自我康复能力称为"正气"。《内经》云："正气存内，邪不可干，邪之所凑，其气必虚。"即人体的正气强盛，就不易得病；人体的正气虚弱，就容易得病。可见，对于人的健康来说，正气是起决定作用的。这是中医预防思想的最早表述，也是我国预防医学的总则。这些论述对于现代社会的养生保健，依然具有积极意义。

以某地区机关干部 496 人的健康状况为例，其中患慢性病人数超过 20%，亚健康状态（指标异常）人数超过 70%，健康状况具有以下特点：三高——高血压、高血脂、高血糖人数众多，亚健康状态普遍存在（血生化检查单项指标升高等）。分析原因，主要是不良生活方式（饮食、起居）和情志调节失常等引起，特别是健康与养生知识的匮乏，缺少必要的干预方法，健康现状令人堪忧。

三、健康维护

（一）养生保健

养生是中华民族的特有概念。中医养生学历史悠久，源远流长，是中华民族优秀文化的重要组成部分之一，也是五千年中华文明的重要体现之一。在漫长的历史发展过程中，中医养生学逐步形成了丰富多彩、博大精深的理论与实践体系，为中国人民的保健事业及中华民族的繁荣昌盛做出巨大贡献。

自古以来，人们把养生理论和方法称为"养生之道"。历代养生家由于各自的实践和体会不同，他们的养生之道在静神、动形、固精、调气、食养及药饵等方面各有侧重，各有所长。从学术流派来看，又有儒家养生、释家养生、道家养生、医家养生、方士养生等，他们都从不同角度阐述养生理论和方法，丰富了养生学的内容。

中医养生旨在遵循生命发展规律，以中医理论为指导，运用各种方法和技术，达到提高生活质量、预防疾病、延年益寿的目的。中医养生与儒、释、道养生最大的不同在于追求的不同，道家养生追求成仙，释家养生追求成佛，中医养生则是追求提高生活质量而长寿。

养生、保健与预防指的是我们对于自身健康维护的三个不同层次。养生是在现有的健康基础上采取各种方法保养身体，增强体质，提高生活质量；保健是保持现有的健康状况不得病，即保护健康；预防则是采取一定的措施，防止病变的发生与发展。

（二）基本原则

在中医理论指导下，养生学吸取各学派之精华，形成养生基本原则。如天人相应，顺应自然；形神统一，形神共养；动静结合，协调平衡；和调脏腑，阴平阳秘；修德养身，"仁者寿"等等，使养生活动有章可循、有法可依。

1. 天人相应，顺应自然

人类生存于自然界中，其生命活动与自然界息息相关，即古人所称"人与天地相应"。在自然界的变化中，存在着以四时、节气、昼夜为标志的年月日周期性节律变化，并由此产生了气候变化和物候变化所呈现的生、长、化、收、藏规律等。比如睡眠，中医主张春、夏晚睡早起，秋冬早睡晚起，而一天中重要的是子午觉。若是睡眠不好或入睡困难，可以睡前泡脚，以水过三阴交及足三里，至头微微发汗为宜，意即足温则眠安。中医强调"胃不和则卧不安"，所以睡前可适当喝点温水或牛奶等，有助于提高睡眠质量。

人类在长期的进化过程中，形成了与之近乎同步的生理节律，以及适应外界变化并做出自我调适的能力。因此，人若能顺应自然而摄生，各种生理功能便可循其常性，节律有序而稳定，机体则处于阴阳和谐的健康状态；若违逆自然，则各种生理功能节律紊乱，适应外界变化和防御抗邪的能力减弱，而易罹患疾病。所以，只有人与自然界和谐统一，才能形成有利于健康的自然条件。养生顺应自然，旨在要求人们适应自然界变化而调节自己，把能够适应自然界变化作为健康的标志和维护健康的基本要求。

2. 形神统一，形神共养

中医养生理论，都是以"天人相应""形神统一"的整体观念为出发点，去认识人体生命活动及其与自然、社会的关系。特别强调人与自然环境及社会环境的协调，讲究体内气化升降，以及心理与生理的协调一致。

形神共养，是以形神统一的生命观为其理论基础。一方面，形体为生命的基础，形具而神生，五脏及其所藏的精气是产生"五神"活动的物质基础。另一方面，神乃形之主，为生命的主宰。人体脏腑的功能活动、气血津液的运行，都受神的主宰和影响。形体与精神、意识、思维活动的协调统一密不可分，即"形与神俱"，此为身心健康的标志。但两者亦能互相影响，所谓"百病皆生于气"，精充气足则神旺，精损气亏则神亡。

由于形神统一是生命的基本特征，故中医养生强调形神共养，养形以全神，调神以全形，最终达到"形与神俱，而尽终其天年"的目的。因此，中医倡导形神共养的活动，如琴棋书画、太极拳、八段锦、游泳，包括各种气功导引等，其要点是通过动肢体、凝意念、调呼吸等三方面活动，从而达到形神共养、维护健康的目的。

3. 动静结合，协调平衡

"生命在于运动"是人类共知的保健格言，意指运动能锻炼人体各组织器官的功能，促进新陈代谢，增强体质、维护健康。实际上并不是运动越多越好、运动量越大越好，也有人提出"生命在于静止"。应该说"生命的存在形式在于运动"，意即只有动的才叫生命，不动的都不是生命，如植物、矿物等。中医主张动养形、静养神，即适当运动与充足睡眠的静是维护健康的基础。

中医认为保持人体平衡状态是维护健康的有效形式，正气强弱是维护人体协调平衡状态的前提，邪气盛衰是致病的条件，即"正气存内，邪不可干，邪之所凑，其气必虚"。我国古代养生家一直主张动静适宜，强调刚柔相济、动静结合。动为健，静为康，柔动生精，精中生气，气中生精，是相辅相成的。实践证明，能将形和神、动和静、劳和逸、紧张和松弛等这些既矛盾又统一的关系处理得当，协调有方，则有利于养生保健。

4. 和调脏腑，阴平阳秘

中医养生学从阴阳对立统一、相互依存的观点出发，认为脏腑、经络、气血津液等等必须保持相对平衡和协调，才能维持"阴平阳秘"的正常生理状态，从而保证人体的健康生存。

养生保健的根本任务，就是运用阴阳平衡规律，协调机体功能，达到人体内外协调平衡。人的复杂生命活动，是以五脏为核心，结合脏腑功能的综合反应而辨证论治。因此，首先要协调脏腑的生理功能，使其成为一个有机整体。在协调机体功能，特别是注意情志平衡，喜、怒、忧、思、悲、恐、惊等情志的太过与不及，都可影响到脏腑，造成脏腑功能失衡而滋生百病，患病后又易导致情志变化，形成恶性循环。同时，注重饮食有节、起居有常，一旦出现脏腑功能失调，及时运用药物或非药物疗法，使脏腑功能恢复正常，从而不得病，才能实现健康长寿的目的。

5. 修德养身，"仁者寿"

古人把道德修养作为养生的一项重要内容，孔子早就提出"德润身""仁者寿"的理念。《中庸》指出"修身以道，修道以仁"，"大德必得其寿"，指讲道德的人，待人宽厚大度，才能心旷神怡，人体安详平和得以高寿。古代的道家、墨家、法家、医家等，都把养性养德列为摄生首务，一直影响着后世历代养生家。唐代孙思邈《千金要方》中说："性既自喜，内外百病皆悉不生，祸乱灾害亦无由作，此养性之大经也。"明代《寿世保元》说："积善有功，常存阴德，可以延年。"明代李梴《医学入门》说："不贪不躁不妄，斯可却未病而近天年矣。"可见，古代养生家把道德修养视作养生之根，养生与养德密不可分。

从生理上讲，道德高尚、光明磊落、性格豁达、心理宁静，有利于神志安定，气血调和，人体生理功能正常而有规律地运行，精神饱满，形体健壮。说明养德可以养气、养神，使"形与神俱"，健康长寿。现代养生实践证明，注意道德修养、塑造美好的心灵、助人为乐、养成健康高尚的生活情趣，是保证身心健康的基础。

（三）构建适合自身特点的养生保健模式

人类存在着较大的个体差异，这种差异不仅表现于不同的种族，而且存在于个体之间。不同的个体有不同的心理和生理，对疾病的易感性也不相同。这就要求人们在养生保健过程中，应当以辨证思维为指导，因人施养，构建适合自身特点的养生保健模式，才能有益于机体的身心健康，达到益寿延年的目的。

因此，在掌握中医理论指导的养生保健理念与科学知识的基础上，构建适合自身特点的养生保健模式，通过饮食有节、起居规律、劳逸适度、情志调畅等生活方式与药物及非药物疗法，提高生活质量和适应能力，达到天人合一、形神统一与脏腑和调的平衡状态。

（四）中老年人生理变化与养生保健

人到中老年，生理功能开始衰退，气血失调，毒邪羁留。要注重内养精、气、神，外避六淫之邪，保其正气，济其衰弱，驱除邪气。对于高龄之人，可视其阴阳气血之虚实，有针对性地采取调理措施。刘完素《素问·病机气宜保命集》指出："其治之之道，餐精华，处奥庭，燮理阴阳，周流和气，宜延年之药，以全其真。"根据中老年人的生理特点，适当锻炼，辅以药养和食养，有益于延年益寿。

生、长、壮、老、已的动态生命观也体现在男女不同的生理病理变化规律。女子"五七阳明脉衰，面始焦，发始堕，六七三阳脉衰于上，面皆焦，发始白"；丈夫"五八肾气衰，发堕齿槁，六八阳气衰竭于上，面焦，发鬓颁白"。因此，扶正（补益）祛邪（解毒、活血、化痰、祛湿）是中老年人养生的关键。

人到中老年，随着社会角色、社会地位的改变，退休和体弱多病势必限制老人的社会活动。狭小的生活圈子、孤陋寡闻带来心理上的变化，导致产生烦躁易怒、孤独、忧郁、多虑等心理状态；适应自然与社会环境及自我调控能力降低，若遇不良环境和刺激因素，易于诱发多种疾病。

中老年人养生应注意以下四个问题：一是重视养生与亚健康早期干预，是维护健康的基础；二是动静结合、形神共养，是中医养生的特色；三是正气不足与毒邪内留，是主要的生理病理变化；四是扶正祛邪、和调脏腑、疏通经络是养生保健的核心。

　　总之，健康中国建设，核心是健康人群的数量、质量和预期寿命的提高。在以疾病为中心向以健康为中心的转变过程中，中医养生与治未病的早期干预理念以及辨证论治的个体化诊疗模式，对防病治病具有明显优势。因此，应大力倡导中医养生保健，将慢性病控制在发生之前，将传染病控制在感染之前，中医理论与实践具有不可替代的作用。充分发掘利用中医药这一宝贵资源，使其成为建设健康中国的重要保障。

　　人人享有健康，既是国家、社会和家庭的期望，也是每个人的责任，更是中医药人的历史使命。希望通过今天的交流，使大家都能了解中医、享受中医，用中医的方法维护健康，更希望中医能为健康中国建设发挥更大作用！

尽心知性：孟子哲学的精神

杨立华

　　杨立华，1971 年生于黑龙江省七台河市。1998 年毕业于北京大学哲学系，获哲学博士学位。现为北京大学哲学系教授、博士生导师。2011 年被评为"北京大学十佳教师"。

　　杨立华先生主要研究领域为中国哲学史、儒学、道家与道教，近年来主要着力于宋明哲学及魏晋哲学的研究。主要著作有：《宋明理学十五讲》、《中国儒学史》（宋元卷）、《郭象〈庄子注〉研究》、《气本与神化：张载哲学述论》、《匿名的拼接：内丹观念下道教长生技术的开展》等。主要译著有：《王弼〈老子注〉研究》《近代中国之种族观念》《宋代思想史论》《章学诚的生平与思想》《帝国的话语政治》等。曾发表学术论文 40 余篇。

　　文化自信有一个非常清晰的题中之意，就是哲学自信。通过哲学的思考而非宗教的信仰，为文明的根本价值确立基础。这是中国文明的基本方向。

　　我们看那些伟大的文明奠基者，如老子、孔子、孟子、庄子等哲学家，他们的根底的思考是理性的、哲学的，而非信仰的、宗教的。这个特点非常重要，也是我们今天主题的关键之所在，即从孟子哲学的核心理念出发，看一看在其所处时代，孟子的思考对今天有着怎样的意义。

一、孟子的时代

孟子，生卒年不详，一般推测生于公元前 385 年，卒于公元前 304 年；但也有其他说法，如有元代学者说其生卒年为公元前 372 年至公元前 289 年。从这两个推测的年份来看，虽有差异，但不论怎样，主要活动年代还是重合的，大概在公元前 370 年至公元前 300 年前后。这就是孟子主要活动的时代，这个时代正是战国中期。

（一）战争规模大

战国中期，西周以来的封建制已陷于崩溃的局面，政治与权威秩序在瓦解和重组当中，暴政为这个时代打上了深刻的烙印，其战争规模之大和战争手段之残酷都达到了空前的程度。

当时的战争规模动辄就是万乘。万乘是什么概念呢？一辆兵车的标准配置是 75 人，万乘就意味着战争的规模已经达到了 75 万人。以当时总人口的数量，我们可以有一个概念，这一时期的战争规模之庞大，已经令各诸侯国成了战争的机器。当时的整体局面可以说是"天下方务于合从连横，以攻伐为贤"。因此，这样的环境就致使这一时期的哲学家都有着强烈的批判性格，即使像庄子这样超然的思想者，其字里行间也不时流露出对暴政的批判。

（二）"予岂好辩哉"

孔子所处的时代，虽然价值共识有所动摇，但价值基础还在，所以孔子说话很平和，有很多似是信手拈来，如"人无远虑必有近忧""无欲速，无见小利；欲速则不达，见小利则大事不成"。但到了孟子所处的时代就不同了，"圣王不作，诸侯放恣，处士横议，杨朱、墨翟之言盈天下。天下之言，不归杨，则归墨"（《孟子·滕文公下》）。意思是：圣王没有兴起的时间已经很久了，此时的周只不过是极小的一个诸侯国，没有人听从周天子的权威。那些隐居不仕的人横发议论，杨朱、墨翟的言论充塞天下。天下的言论，不是归向杨朱一派，就是归向墨翟一派。

"杨朱"有一句名言"拔一毛而利天下，不为"，其思想是极端利己主义，即"杨氏为我"。现在我们讲的"一毛不拔"就是从杨朱思想而来。而墨家则走向了另一个极端，即利他主义，有时也称为前现代的集体主义。它要求兼爱，强调同等程度地爱所有人，爱别人的父母跟爱自己的父母一样。对此，孟子的评价是"杨氏为我，是无君也；墨氏兼爱，是无父也。无父无君，是禽兽也"（《孟子·滕文公下》）。那么，从"杨氏为我"联系到现实，我以为，今天大部分人的问题在于自我中心主义的泛滥，几乎所有人在反思自己人生的时候、在很多的事情上面，都"太自我"。因为太自我，所以得失心就重，而一个人如果得失心重，那么这一辈子他就只剩下了四个字，"患得患失"。

"杨、墨之道不息，孔子之道不著，是邪说诬民，充塞仁义也"（《孟子·滕文公下》）。意思是：杨朱的极端利己主义，墨子的利他主义或者极端集体主义，这两种错误思想，如果不让它们停下来，那么孔子思想就不能够得到发扬。而这两种思想等于是用错误思想来欺骗百姓，堵住了仁义之怀。故"仁义充塞，则率兽食人，人将相食"（《孟子·滕文公下》）。在这个意义上，孟子说我要辩论。因此，当有弟子问孟子为何如此好辩时，孟子说："予岂好辩哉，予不得已也。"

（三）百家争鸣

除战争规模宏大外，孟子所处的时代还有一个思想特点，即百家争鸣。所谓的百家争鸣在一定程度上意味着思想繁荣，但在繁荣的反面则是思想的混乱。价值基础的缺失，致使不再有统一的价值共识，每个人都有自己认为的道义，每个人都有自己追求的所谓正义，最后的结果就是"人各一义"。所以，孟子才会说："予岂好辩哉，予不得已也。"对于这一现象，同时代的哲学家庄子也看到了。"是故内圣外王之道，闇（àn）而不明，郁而不发，天下之人，各为其所欲焉，以自为方"（《庄子·天下》）。

面对这样的境况，孟子对错误思想言论的类型做了总结，我称之为"四辞"，即错误言论的四种类型。第一类诐辞，第二类淫辞，第三类邪辞，第四类遁辞。值得注意的是，这不仅是四种类型的错误思想言论，也是错误思想言论发展的四个阶段，相当于一种疾病的演化过程的逐次深入。

第一阶段"诐辞知其所蔽"。南宋大思想家朱熹谈到诐辞时讲到：汉字中，凡带皮字偏旁的，一定是一边低一边高的意思，一定是不平的。比如：陡坡的坡，波浪的波，跛足的跛。因此，诐辞最根本的问题就在于它的偏，入手即偏，没有真正公道平正地看待问题。就像很多人在思考问题的时候，只是孤立的、片面的、静止的，从某一角度看他的思考以及所言之物是有道理的，但实际上真正深入看一看的话，就会发现所言真是诐辞。因此，对于诐辞这种错误的思想言论，我们必须得知道它在什么地方被遮蔽了，而它又遮蔽了什么。

第二阶段"淫辞知其所陷"。诐辞的进一步发展叫淫辞，淫有多、过度的意思。一个人偏久了，这个偏颇带来的问题就影响了一个人信息接受的方式。其实人的成长过程、变化过程，在很大程度上取决于接受了什么信息，又排斥了什么信息。如果一开始就偏了，有了这个诐辞，那么在进一步接受信息的时候，则凡对自己立场有利的信息都接受，凡不利的都排斥。此种境况，久而久之就会像掉到大海里一样，无论朝哪个方向，看到的都是同样的海水。到了这个阶段，很多人已是不能自拔，不管怎样都觉得自己是对的，陷入了第二种错误言论的类型。

第三阶段"邪辞知其所离"。邪辞是对淫辞的进一步发展。变成邪辞后，就已偏离正道，而思想上的彻底偏离，必然导致实践上的彻底偏离。可以说，到了这一阶段，再进一步就不能回头，因此对这一阶段的情况，我们要知道它是在什么地方离开了正道。

第四阶段"遁辞知其所穷"。关于遁辞，孟子讲：凡是不平正的理论、不公道的思想，它一定不具普遍性。而关于道理，对它的理解，我认为至少有两个标准来衡量。第一，是否诚实。如果一件事情无论怎样努力都无法做到，那就不要讲出来了，因为道理上说不通，实践上就更加行不通，这也是所谓的"己所不欲，勿施于人"。第二，是否普遍。凡道理一定具有普遍性，不能只适合你而不适合我，反之亦然。因此，遁辞由于它的道理偏颇，不具普遍性，那么它的理论一定不完善，有说不通的地方。故而，为了能够将不通之处说通，就一定会找一个理论为其开脱，这种办法就叫遁辞。

我认为孟子的"四辞"理论有着特别的现实意义。在思想混乱已经达到一定程度的今天，如果头脑中有了诐辞、淫辞、邪辞、遁辞的概念，那么对于分辨各种各样错误思想言论就有了一定的裨益和帮助。

二、对人性的思考

人类社会的政治秩序和价值原则，总是以对人性的思考为基础的，而哲学的思考，虽然与人的经验有关，但如果仅以经验为依据，是并不能达到对人的普遍认识的。

关于经验这一问题，老子说："不出户，知天下，不窥牖（yǒu），见天道。其出弥远，其知弥少。"（《道德经》第四十七章）我不出门，就知道天下；不用看窗户，就能看到天道。反而往外走得越远，知道得却越少。这是老子对感官经验这条道路的否定。庄子亦有同样的看法："吾生也有涯，而知也无涯，以有涯随无涯，殆已；已而为知者，殆而已矣。"（《庄子·养生主》）无论如何努力，你都不可能获得经验上完满的知识。而孟子则是"耳目之官不思，而蔽于物，物交物，则引之而已矣。心之官则思，思则得之，不思则不得也"（《孟子·告子上》）。他的这段话告诉了我们：耳目不构成沟通的渠道，反而是一种遮蔽；既然不能走感官经验的道路，那就向内寻求道路，从心出发进行思考，寻求世界人生的最根本的原理和原则。

因此，孟子对人性的思考，是以"心之所同然"为起点的。人之所以为人，必然有其统一的倾向。表面看来，这是一个哲学上的假设，但这一假设是有其天道观的基础的。既然所有的人都有"心之所同然"，则对人性，或者说人的本质倾向的理解和把握，就不需要在经验的层面上做穷举式的归纳，而只需要深刻反思自己的心性。

（一）尽心知性

既然了解了世界人生的整体不能走经验的道路，那么该走什么道路？孟子从哲学角度提供了一条向内寻求世界人生的那个最根本原理和原则的道路。中国哲学家有一个共识，即世界是有统一性的。这一点，无论是《论语》《孟子》还是《老子》《庄子》，我们都能从中看到。譬如《庄子》里有一段话：一位名叫东郭子的人问庄子：道在哪儿？庄子回答：哪儿都有道。东郭子说：请您一定说出一个具体的地方，这样我才能理解。庄子说：道在蝼蚁。怎么这么低？庄子接着说：道在稻草。更低了。庄子又说：道在砖瓦。此时的东郭子已经不知该怎么说了，庄子又补了一句：道在屎溺。由此说明了这个世界统一于道。既然世界有统一性，那么就一定有统一的根本原理；既然有统一的根本原理，那么这个根本原理，远处有，近处自然也有。对原理的追寻，我们去远的地方，还是去近的地方？当然是到最近的地方去寻找。而最近的地方在哪里？大家体会一下，是不是我们的心？正如刚才提到的"心之官则思"，你在思考，心灵就在思考。在反思自己心灵的时候，心灵跟思考之间是最近的。明白了这一点，就能知道普遍的统一原理在我们的心灵中就能找到。于是，孟子说出了这段话："尽其心者，知其性也。知其性，则知天矣。"（《孟子·尽心上》）

一个人把自己心灵的内在倾向充分实现出来，就是知性。尽心就是知性，而知性就是知晓人的内在本性；人的内在本性指的是人的不可剥夺的本质倾向，这个本质倾向就是人性。人性的本质是什么？就是人的不可剥夺的自主性，心灵的不可剥夺的自主性，人的恒常不变的主动性，即人的固有倾向。这里面就包含了"尽其心者，知其性也"的含义表达。其中，人的主动性这一点非常关键，这是人跟其他物类的区别。

"知其性，则知天"，人性与天道一定是贯通的。孟子对天道的理解，是对孔子对天的思考的继承。《论语》里讲："天何言哉？四时行焉，百物生焉。天何言哉？"（《论语·阳货篇》）即天没有说话，可是四季万物还是按照一定的规律运行，所以天为何还要说话呢？通过这一论述可知：天是普遍的、世界的统一基础，是万物的根源，是生生变化的根据。

与孔子一样，孟子并没有对天道做系统全面的论述。但他开创了尽心—知性—知天的思维认知模式，从心、性、天逐渐递进，通过反推之方式，逐步达到知天的境界。孟子认为，人之性来源于天，是天的大化流行，或者说是宇宙生命的大化流行。所以，人性也就禀赋了天道。

（二）性善说

孟子的性善说，主要是通过与告子的辩论而展开。他们一共有四组精彩辩论，这是中国哲学史上记录最完整的一次关于人性的辩论。我选了其中一组。

告子曰："性犹湍水也，决诸东方则东流，决诸西方则西流。人性之无分于善不善也，犹水之无分于东西也。"（《孟子·告子上》）"湍水"是急流着的水。在东边的堤坝开一个口子，水就向东边流；在西边的堤坝开一个口子，水就向西边流，所以人没有固定的善或恶的倾向，就似水不分东西。读到这里，很多人认为告子的话很有说服力，人性的问题已经得到解决，但孟子却反驳了他。"水信无分于东西，无分于上下乎？人性之善也，犹水之就下也。人无有不善，水无有不下"（同上）。你这家伙的理解真肤浅，居然认为水是向东、向西流，怎会如此？水，只有一个方向，就是向下流，这是它的固有倾向。而人向善的本质倾向，跟水向下的倾向一样，"人无不善，水无不下"。在这里，对于水的向下倾向，以一瓶水为例。无论我把这瓶水举得多高，水虽处于高处，但它依然向下。将此描述转化为对于人性的描述，现实中的人可以变得很邪恶，但甭管多邪恶的人，他的本质倾向仍然向善。那么，人的本质倾向的内容是什么呢？

孟子并不仅仅说人的本质倾向是善的，就结束了，而是在人的固有倾向当中找到了善的基础。"今人乍见孺子将入于井，皆有怵惕恻隐之心"（《孟子·公孙丑上》）。这里"乍"字非常关键，"乍见"说明没有时间计算，由于没有时间计算，所以没有功利心在里面，在这没有功利心的一瞬间，他的心灵倾向就是人的本质倾向。冷不丁看到不懂事的小孩要掉到井里去，人的本质倾向是"怵惕恻隐之心"。所以"非所以要誉于乡党朋友也,非恶其声而然也"(同上)。"恻隐之心"这一项就已把人心灵的固有倾向说出来了。接下来,孟子直接就把真正意义上的人性的普遍价值说了出来,即仁义礼智。"恻隐之心,仁之端也;羞恶之心,义之端也;辞让之心,礼之端也;是非之心,智之端也"(同上)。

对于"仁义礼智",我始终认为每个时代都应具备,虽然不同时代有其不同的内涵及其概念形态,但其根本是不变的。从这里,我们也能看出性善论的立言宗旨强调道德的人性基础。如果人性是恶的,就意味着道德违背人性。如果没有符合人的本质的善,就会导致历史主义和相对主义的道德观,其流必至于虚无主义。对此理解很简单,即你成了人,那么就是善的,这就是孟子所讲的"善"。

三、仁与必然

仁是孔子学说的核心概念,他对仁的界定中,最重要的有两条,一是仁者"爱人",一是"克己复礼为仁"。前者是以仁待人,后者是以仁律己,合起来则涵盖了人类道德生活的全部范围。孔子的仁学奠定了儒家学说的理论基础,此后,对仁的理解和阐释就成为历代儒者必须进行的一项重要的、基础性的理论工作,并由此展开了不同时期儒家学说的丰富内容。

与《论语》一样,《孟子》中也有大量关于"仁"的讨论。孟子说:"不仁者可与言哉?安其危而利其灾,乐其所以亡者。不仁而可与言,则何亡国败家之有?有孺子歌曰:'沧浪之水清兮,可以濯我缨;沧浪之水浊兮,可以濯我足。'"(《孟子·离娄上》)不仁的人,无论你跟他说什么都是听不进去的。如果听得进去,又怎会有亡国败家之事呢?这种不仁的人都是麻木的。

从这里，我们就有了"麻木不仁"一词。接下来，是孔子周游列国时听到的一首歌谣："沧浪之水清兮，可以濯我缨；沧浪之水浊兮，可以濯我足。"沧浪之水，清澈的部分用来洗帽子上的缨穗；浑浊的部分，用来洗脚。哪个尊贵？当然是缨穗尊贵。换言之，一个人，若水清，别人就会拿最尊崇的态度面对你；若水浊，别人就到你这儿洗脚。所以，孔子说：孩子们听着，"清斯濯缨，浊斯濯足矣，自取之也"（同上）。得到何等对待，不是别人让你得到的，是你自取的。

对此，孟子跟孔子的思考是直接贯通的。"求则得之，舍则失之，是求有益于得也，求在我者也"（《孟子·尽心上》）。意思是：你只要努力追求它，就会得到它；但若是放弃追求，就一定会失去。这说明追求是有必然性的，你追求的一定是在我的东西。所谓的"在我"就是完全自主的、自己可以掌控的东西。接着，"求之有道，得之有命，是求无益于得也，求在外者也"（同上）。意思是：人生中总有不得已的地方，甭管多么强大，也总有掌控不了的那个部分。因此，追求它就要按照一定的方法，但能否得到，还有一定的偶然性。因此，你的追求和你的获得之间没有必然关系。

从以上可以得出，仁属于"在我"的领域，属于"求则得之，舍则失之"，是完全在自主的范围内，而不是靠别人，也不是别人所能决定的。

通过对"仁"这一概念的理解，充分地体现出了心灵的主动性。用"心灵的主动性"去理解《论语》《孟子》中所有的关于"仁"的概念的论述，都是能够贯通的。那么，什么叫作心灵的主动性？在前面已经提到的"尽心知性"，尽心就是心灵的主动性；"天行健，君子以自强不息"中，自强不息就是心灵的主动性。可以说，心灵的主动性其实就是天地生生不已在我们心灵当中的体现，永恒的日新的创造，所以人才会始终保持在主动的状态当中。而主动状态，就是自由状态，与奴役状态相对。所以主动关联着自由的概念，关联着自主的概念，那么人的自主性就在这里体现了。它是"在我"的，完全由自己掌控，任何人都无法剥夺，即使是陷入最深奴役状态的人，也拥有心灵的主动性。

再进一步讲，孟子的"仁"和"天道"是关联在一起的，是心灵主动性的充分实现，而这种心灵主动性的充分实现，其实有时也是一种必然性，一种"我欲仁，斯仁至矣"的必然。我自主决断这样做、我认为这样做是对的，或是我拒绝某种做法、我认为这么做是不对的，这样一种决断的自然、决断的必然是永远不能剥夺的。

四、天爵与人爵

中国传统社会里，富跟贵一定是不可完全相互转换的，用最简单的话来表述，就是富对物、贵对人。一个社会总有不可以用钱来买的贵。孟子对"贵"进行了区分：天爵与人爵。天爵是仁义忠信，就是前面提及的必然性，高贵的必然性、仁的必然性，这些是我们不可剥夺的主动性和自主性，是我们最高贵的东西，这种高贵无人可以剥夺。而人爵是指外面的东西赋予你的，可以有，也可以被剥夺。

"欲贵者，人之同心也。人人有贵于己者，弗思耳。人之所贵者，非良贵也"（《孟子·告子上》）。每个人都想过高贵的生活，每个人的内在都有不可剥夺的高贵；别人给你的贵不是固有的贵。这里要注意的是"良贵"中的"良"字。孟子"良知"最早出自于《孟子》，这里的"良"不是善的意思，而是本有、固有的意思，因此"良贵"的意思就是本有、固有之高贵。接着，"赵孟之所贵，赵孟能贱之"（同上）。晋国的上卿（韩魏赵三家分晋）能够给你尊贵，同样也能去除给你的这个尊贵，因此有诗云："既醉以酒，既饱以德。"真正的贵就在这里，即"德"。人真正有了这种尊贵之后，"人知之，亦嚣嚣；人不知，亦嚣嚣"（《孟子·尽心上》）。"嚣嚣"不是嚣张的意思，在这里指的是自得之貌，而"自得"指的是人永远知道自己并且不失去自我的状态。一个人只有真正有了这种终身不变、不为外界得失所扰动的、内在的自我建立，才是一个真正意义上普遍性人格的建立。这样的人才能真正地获得幸福。

接下来，"得志，泽加于民；不得志，修身见于世"（同上）。有机会发挥自己的作用，就要泽加于民；没机会发挥，就堂堂正正地好好做人，做身边人的典范，比如孔子。那么"穷则独善其身"，这里的"穷"不是贫，而是指道路不通。总是不被重视，得不到提升，没有机会发挥自己更高的才华，那就立身行事，做淑世之功，"达则兼善天下"。拥有此心胸之人才是真正高贵的人。孔子也讲过"用之则行，舍之则藏"。意思是：用我，我就努力去做，且把事情做好、做成；不用我，我就做一个普通人，好好生活，依然可以活得饱满、幸福。所以说，只有这样的人可以不为外在的东西所干扰，才能达到孟子所说的"富贵不能淫，贫贱不能移，威武不能屈"。这其实就是根源于仁和那个不可剥夺的必然性。

最后，对孟子的哲学，我有一些个人的思考。中国哲学是理性而非宗教的，由于我们没有人格神的信仰、没有一神教的传统，所以我们的文明才是真正具有包容性而非排他性的。比如，老子的"道法自然"、孔子的"和而不同"。因此，我们的文明根底里有一种精神，我将它与此世性格关联在一起，概括为"知止"二字。我们知道自己的限度，我们不把自己的一切强加给别人，这就是中国文化最可贵的地方，也是最高贵的地方。因此，中国文化是不掠夺的文化，是不产生帝国主义和殖民主义的文化，是真正通情达理的文化。只有这样的文化才是解决现在以及未来文明间不可缓解的冲突的那把钥匙。

文化自信与中国传统教育精神

郭齐家

郭齐家，1938 年 10 月出生，湖北省武汉市人。中共党员。北京师范大学教育学部教授、博士生导师。1956 年 9 月至 1960 年 7 月于北京师范大学教育系本科学习，毕业后留系任助教，1979 年起任讲师，1986 年起任教育系教育史教研室副主任、副教授、硕士生导师，1992 年起任教育史教研室主任、教授。1993 年 10 月起享受国务院政府特殊津贴。1995 年晋升为博士生导师。曾任中华孔子学会副会长，现兼任国际儒联理事会顾问，北京师范大学珠海分校法政学院教授。

郭齐家先生长期从事中国传统文化教育的教学与研究，著有《中国教育思想史》《中国古代学校》《中国古代考试制度》《文明薪火赖传承：儒家文化与中国古代教育》《中国教育史》（上下册）等专著，撰写《中国传统文化与当代市场经济》《论中国传统教育的基本特征及其现代价值》等论文多篇。

习近平总书记在中国共产党成立 95 周年庆祝大会上指出："全党要坚定道路自信、理论自信、制度自信、文化自信……文化自信，是更基础、更广泛、更深厚的自信。"文化自信成为继道路自信、理论自信和制度自信之后，中国特色社会主义的"第四个自信"。

教育是传承文化、使人民构筑文化自信的重要手段。在国家的现代化发展过程中，在坚持文化自信的道路上，我们可以从中国传统的教育精神中汲取营养。

一、世界古代文明的四大系统

我们从人类文明发展史来看，世界古代文明主要有四大系统对人类的发展产生了经久的影响，那就是西欧、伊斯兰世界、印度和中国。

如果我们单纯观察教育层面，严格地说，也许只有西欧和中国才形成了一套复杂多样的教育系统。这一事实对我们深入研究学习西方教育史和中国教育史都是很有意义的。我们之所以对西方教育史加以强调和研究，最主要的原因就是在 19 世纪以后，西方教育已经成为世界很多民族、国家、地区教育发展的共性。从人类教育发展史来看，了解西方教育史，也是对 19 世纪以后，整个人类教育发展史的共性认识。

然而，我们绝不能因此而低估了中国传统教育的影响，特别是在当前，西方在现代化过程中，出现了种种问题。西方有识之士逐渐把眼光转向了中国的传统文化和教育，希望从中寻找解决方案，以补救现代化过程中所出现的种种弊病。西方、印度、阿拉伯等族群，是通过宗教来讲道德的，而中国则不同，是通过教育来讲道德的。因此相比较而言，中国古代的人文教育更多理性，更为健康，影响更为持久。而其他文明所依靠的宗教通常有一定的排他性，容易出偏。

二、中国传统教育的形成和演变

根据历史文献记载，中国教育的起源可以追溯到夏、商、周三代以前。通过考古发掘证实，早在商周时期，就有文字以及学校的相关记载。中国教育在那时已有相当的积累，知识大体具备规模。因此我们可以推论从氏族社会时期，中国就已经有了教育的雏形；商周时代为学校教育的兴盛和发展创造了条件；西周时期，已逐步形成了一个以"礼、乐、射、御、书、数"为主体的"六艺"教育的体制。

"礼"指制度、秩序。"乐"与"礼"互相配合，成为一体。它们是中国古代教育的核心。"射"指射箭，"御"指驾车。射箭、驾车这两项是当时每一个人必须具备的能力。"书"指认字、书法等。而"数"则不仅包括数学，还有"数术"即五行、天干地支等内容。这"六艺"自成体系，是西周时期教育发展的代表。

到了春秋战国时期，中华文明的果实逐渐成熟，中国教育进入了古典时代。这一时期，教育成为一种独立的社会职能。在这之前教师通常还有官员的身份，春秋以后，以孔子为代表的专职教师开始出现。一批对后世影响深远的教育家如群星灿烂，各家学派教育思想竞相争辉。儒、墨、道、法纷纷登场，并在这基础上形成了各种私学。

春秋时期，不仅在《论语》《墨子》《孟子》《荀子》《礼记》《管子》《吕氏春秋》等典籍中记载了大量的教育资料，而且还出现了像《大学》《学记》《劝学》《弟子职》等世界上最早的一批教育专著。这些教育专著是春秋战国时代丰富的教育经验和教育思想的总结，成为世界上最早出现的自成体系的教育学著作，从而奠定了中国传统教育的理论基础。

从历史上看，先秦时期是中国传统教育的形成和奠基时期；秦汉到宋明时期，是中国传统教育的发展和辉煌时期。特别是唐代，中国传统教育发展到顶峰；清代开国直到近代，中国传统教育出现了衰微的倾向；20世纪以来，特别是1949年中华人民共和国成立以后，"重建教育"成为中国教育的重大课题。

中国传统教育是指中华民族长期形成的、已定型的教育遗产，是已经成为实际的教育历史实体，是中华民族文明进化过程的教育渊源。

它包含的内容十分广泛，大致包含：（1）中国儒家的传统教育；（2）中国道家的传统教育；（3）中国佛教的传统教育；（4）近代西方教育科学传入后形成的传统教育；（5）20世纪以来，特别是二三十年代中国众多的教育家和教育流派，通过教育实践和教育理论的创新形成的传统教育；（6）中国无产阶级的传统教育，包括马克思主义教育思想在中国的传播及老解放区的教育实践、1949年后社会主义教育实践形成的传统教育。

在古代，儒家教育思想体系构成了中国传统教育的主流，道家和佛教的教育思想起辅助的作用。中国古代的儒、道、佛，是中国教育史上三种重要的资源和传统。中国的人文精神尤其表现在儒、道、佛这三家所折射出的人生智慧上。

我们今天回忆中国古代，经常回忆的角色就是儒、道、佛的思想。而西方很多人对中国感兴趣的也就是中国古代的儒、道、佛的人生哲理与修养。这些思想到今天还有很多值得我们研究、效法、吸收。

儒家的人生智慧，是德性和礼乐教化的智慧。儒家主张通过修身实践的功夫，来尽心、知性、知天。

道家的人生智慧，是空灵和逍遥的智慧。它主张超越物欲和自我，强调得其自在，歌颂自然生命以及自我的超拔飞跃，肯定物我之间的同体融合。庄子曾说"天地和我并生，而万物与我为一"，就是这种思想的体现。

佛家的人生智慧，是解脱和无执的智慧。佛家主张空掉外在的追逐，消解心灵的偏执，破开自我的囚笼，直悟生命的本真。

儒、佛、道对生命的研究都十分深刻。儒家突出"诚"。以真诚对真诚，生命对生命，所以它才能感动人。道家突出"悟"，领悟人生的真谛。佛家突出"觉"即觉醒、觉悟。这些思想是中国传统文化最为宝贵的东西之一。

教育家牟宗三先生曾概括了三句话。他说："开辟生命之源、价值之源，莫过于儒；观事变莫过于道；察业识莫过于佛。"① 儒家讲生命的来源与意义，所以开辟生命之源和道德主体，莫过于儒家。道家观察事物发生发展的规律，所以察事变莫过于道。佛家讲起心动念，讲动机与因果，所以察业识莫过于佛。儒道佛这三种学说，充满了普遍的和谐、圆融无碍的智慧，启发我们走向生命的觉醒、永恒与圆满，至今仍然有其价值和意义。

20 世纪 70 年代，英国历史学家汤因比和日本思想家池田大作曾有过一次历史性的会谈。在这次会谈中，他们认为自人类在大自然中处于优势以来，人类没有比今天再危险的时代。不道德程度已经尽是悲剧，而且社会管理也很糟糕。他们两位预测，解决未来世界的社会问题，要靠中国的孔孟之道，要靠中国墨家的兼爱，儒家的仁爱，还有大乘佛教的慈悲。这些思想的共同特点，就是和谐。人和人要和谐，人的内心要和谐，人和大自然要和谐，这是儒、佛、道思想的核心②。

1988 年，诺贝尔奖获得者在巴黎有一次聚会，这次聚会当中，1970 年诺贝尔物理学奖的获得者、瑞典物理学家汉内斯·阿尔文在记者招待会上说："人类如果还要继续生存下去，就必须回到 25 个世纪以前，去汲取孔子的智慧。"③ 作为一名研究等离子物理的杰出科学家，也认可解决未来时代的问题要从孔子的智慧里来吸收营养，汲取力量。

因此，其实今天西方社会和西方教育面临一系列的难题，连他们都把眼光转向了中国。难道我们就不能在中国古老的传统教育中重新获得灵感和启示吗？

三、中国传统教育的主要贡献及其特征

（一）中国传统教育的主要贡献

中国传统教育对世界教育的贡献是多方面的。从世界范围来看，中国源远流长的传统教育是相当独特并富有创造性的。无论是在教育制度上，还是在教育思想和教育价值取向上，中国都提供了一整套不同于世界其他国家、民族、地区的具有独创性的内容，至今仍具有不衰的魅力。

以教育制度为例，中国古代有丰富的办官学、私学的经验；有按行政区划设置教育网络的经验，2000多年前成书的《学记》里就有"古之教者，家有塾，党有庠，术有序，国有学"的记载；有自学成才、自学考试的经验；有博士制度、科举制度等，并形成了一整套文官体系。西方对中国科举考试评价很高，西方19世纪以来的文官考试制度，就是从科举考试制度借鉴的，甚至有的西方人认为科举考试制度是中国的"第五大发明"；有书院制度以及推行社会教育、家庭教育的传统等。中国过去的社会教育、家庭教育非常强。以上这些，不仅在当时的世界上占有领先地位，而且其内容和形式也多有独到之处。

以教育思想和教育的价值取向为例，中国传统教育关于教育与政治、经济、法治的关系，关于德育与智育、知识与才能的关系，关于教与学、教师与学生的关系，关于学校教育与社会教育、家庭教育的关系都有着深刻的认识。在此基础上形成了一系列具有独特风格的道德教育与提升道德修养的手段，如立志有恒、克己内省、改过迁善、身体力行、潜移默化、防微杜渐等等；形成了一系列具有独特风格的知识教育与教学的手段，如格

物致知、读书进学、温故知新、学思并重、循序渐进、由博返约、启发诱导、因材施教、长善救失、教学相长、言传身教、尊师爱生等。这些不但是中国传统教育中的精华，也是对世界人类教育宝库和世界教育史的主要贡献，对此我们应该批判地加以继承和弘扬，并使其在新的教育科学理论的基础上加以提高和发展。

（二）中国传统教育的特征

中国传统教育究竟有哪些重要的特征呢？现在学术界、教育理论界对此众说纷纭，北京师范大学的黄济教授曾从中国传统教育哲学思想的角度来这样概括：

第一，天人合一。中国文化认为人来源于天地宇宙，与天地宇宙有一种根源感，天、地、人、物不是孤立的，而是有着不可分割的联系的一体。所以中国文化的生命精神，能够驻于天上、地下、人间。天道和人道相互统一。所以《易经》上讲："刚柔交错，天文也。文明以止，人文也。观乎天文，以察时变。观乎人文，以化成天下。"张载讲："民吾同胞，物吾与也。"周敦颐讲："绿满窗前草不除。"中国人就是这样来看待人世间的规律的，"德及禽兽，泽披草木，恩至水土"。一草一木，一山一河，都是有生命的，都与人的生命息息相关，所以叫"天人合一"。《孟子》讲："尽其心者，知其性也。知其性，则知天矣。"尽量发挥自己本来的良心，然后就知道人性，进而知天，懂得天地宇宙的原则。所以"天人合一"是中国文化、中国哲学最基本的一点，也是中国传统教育最为基本的思想。

第二，政教统一。就是讲政治与教育是统一、一致的。中国传统教育从政治要求出发来看待教育的作用，使教育紧紧地为政治服务，重视教育的政治功能。《学记》讲："建国君民，教学为先。"建立国家，统治管理人民，教学要放在最优先的地位。

"化民成俗，其必由学"。教化老百姓形成良风美俗，就要从学习开始。所以中国才有仁政、德治、治国安邦、内圣外王、修己安人的思想，这就是政教统一。

第三，文道结合。文指文化，道指道德。所谓文以载道，中国传统教育把知识教学和道德教育融为一体，把道德教育渗透到知识教育中去，道德理想和现实生活密切结合，并体现在日常的生活之中，从小做起，从自我做起，这就是文道结合。

最后，师严道尊。师严道尊就是尊师重道。老师是道的代表和化身，具有最高的解释权。如果一位老师不代表道，那就不值得被尊敬。这里的道用今天的话来说就是世界观、价值观，就是民族精神。所以每位老师都要知道自己的任务是传道。把国家命运和个人紧密结合，教师才算发挥了职能[④]。

还有一个观点，是从中西教育比较的角度来提出中国传统教育的基本特点。中国传统教育相比西方来说，重世俗而轻神性，重道德而轻功利，重政务而轻自然，重和谐而轻竞争，重整体而轻个体。这些都是两两比较，其实还不只是这几个特征，还有重积累而轻发现，重趋善而轻求真，重综合而轻分析等。当然，这里所谓"重"和"轻"也是相对于西方教育而言的，而且是就其整体特征而言的，并不意味着绝对偏向一方或忽视一方[⑤]。

中国传统教育的主要贡献和基本精神，是其教育的价值观。中国传统教育的重要特性或基本特征，则是中华民族关于教育价值取向的反映。如果我们通过对中国传统教育的主要贡献和教育价值观的透视来探讨中国传统教育的基本特征，我们还可以从以下三个方面加以探讨。

一是综合观，即大教育观。中国传统教育认为，教育的这一系统，是整个社会大系统中的一个子系统，许多教育问题实质上是社会问题，必须把它置于整个社会系统中加以考察和解决。而教育问题的解决，又必然促进整个社会的发展和进步。

　　比如孔子讲"庶、富、教"。他认为一个国家最重要的三件事：第一是庶，发展人口；第二是富，发展财富；第三是教育。有了人口和财富后才能发展教育。发展教育后，反过来就对这个国家的发展和进步有所帮助。他是从整体来看教育的。孔子还说"国之本在家"。家是国家的基础单位，如果把家庭教育搞好，国家自然就好。家庭教育是什么呢？是孝、悌、忠、信。每家如果都能如此，那么整个社会就会和谐，这就是综合观，大教育观。

　　二是辩证观，即对立统一观。中国传统教育强调把道德教育放在首要地位，但同时也不忽视知识教育的作用。教学相长、藏息相辅等中国传统教育中这些深刻的辩证法，在现代世界教育学的专著中亦属罕见。

　　三是内在观，即强调启发人的内在道德自觉性、心性的内在道德功能。中国传统教育追求价值之源的努力是向内、向自身而不是向外、向上，不是听上帝的召唤，也不是等待外在的指令。重视其内在的力量，重内过于重外，这是一个很值得我们注意的教育特色。我们很注意人内心、性情的安顿，内心道德境界的提升。所以说，心的变化特别重要。

　　以上这三点都是中国教育很大的特点。

　　在中华文明的传统教育思想、生活方式、处世风格、信仰形态中，儒家的和平、安宁成为主调。儒家有关人的教养与人格成长，特别是君子人格的养成的智慧，是这种文明的特色。儒家教育是多样的、全面的，其内核是成德之教；其目的是培养君子，成圣成贤；其方法是用礼乐六艺浸润身心，即通过礼教、乐教、诗教与养心修身，以自我教育与调节性情为主；其功能在于改善政治与风俗；其特点是不脱离平凡生活，知行合一、内外合一。在当代建设公民社会、培养平民化的自由人格的过程中，尤其需要调动儒家的修养身心与涵养性情的文化资源[⑥]。

四、中国传统教育思想在文化自信中的角色

（一）文化认同与伦理共识

任何一个社会、一个族群，作为其文化土壤或社会文化背景，有两点特别重要，一是"文化认同"，二是"伦理共识"。所谓"文化认同"，是解决"我是谁？我来自哪里？"这一类的问题。即个体人所归属的民族文化的基本身份和自我定位，是精神信仰的归乡和故园。所谓"伦理共识"，则是民众中的一个隐形的，然而又是有约束力的价值观、生活态度、对待家庭与社会的方式，以及终极信念的共同点。即是指每个人慢慢积累下来的人和人的关系与责任感，每个人是否能够进入到社会家庭所规定的角色？一个社会，一个族群的生活，如果没有文化认同和伦理共识，人和人缺乏认同，角色失位，不免会遭受到脱序的危险。当然也就不可能有健康的政治、经济、科技、文化建设。如果缺少了这些，即使有再快的经济发展都无济于事。过去我们曾为此付出了太多成本。

一个健康的法治社会建构，不能不依赖于文化认同和伦理共识，再严密的法律，也代替不了社会伦理道德对人的约束。习近平总书记在中国政法大学视察时说："法学教育要坚持立德树人，不仅要提高学生的法学知识水平，而且要培养学生的思想道德素养。"道德是基础，法制是外在。如果缺乏基本的道德，再严密的法律也没有用。知法犯法、钻法律空子的现象会屡见不鲜。

所以健康的法制社会是建立在民众文化认同和伦理共识的土壤之上的。而我们今天所谈的"文化自信"，也正是建立在对自己国家、民族的文化认同和伦理共识之上。

中国文化经典是中国传统教育思想的一个集中反映，如《论

语》《孟子》《大学》《中庸》《易经》《老子》《黄帝内经》等。正是这些经典孕育着中华民族的"文化认同"和"伦理共识"。其中蕴含着宇宙哲理、人生理想、政治智慧、历史教训、审美情趣等，是中国历史上培养、教育、塑造学生的最权威的课本和教材。这些经典通过一代代人的传承、诵读、解释，并在传承解释中发展、创新。其中所讲的包括"仁、义、礼、智、信""忠、孝、友、悌""仁民爱物"等这些中华民族核心的价值观念，一直到今天还活生生地扎根在老百姓的心中，继续为中华民族的成长与复兴起着积极的作用。

任继愈先生在他 90 岁高龄的时候，曾为一本书写过序言。他说："多年来，我发现了一个普遍现象，奠定一个人的人生观、世界观，不是从大学学了哲学课或政治课开始的，而是在中学时代，从 12、13 岁时，随着身体的发育、知识的积累、意志的培养开始的，与之平行前进、同步开展。再回想自己成长的过程，也是在中学的时候，就开始考虑将来如何做人……教育最终的目的在于育人。人是社会的成员，社会培养他成长，成长后又反过来为社会奉献他们的聪明才智。古今中外社会都是这样走过来的。对社会有用的人，不光要有丰富的知识，还要关心国家大事，除了专业分工以外，还要熟悉祖国的历史，对世界大势有所了解，对艺术欣赏，辨别美丑，对人间的善恶有判断的能力。""要养成关心别人、帮助弱者、坚持真理的品格，这是一个现代公民必备的基本条件，这样的基本要求，起码要有十几年的系统培养。中学是为培养全面发展的幼苗打基础的阶段，但在所有课程中，只有语文课可以担负这样的任务，其他的课程很难代替。"⑦

任继愈先生认为，作为国民教育的基本内容，包括"四书"在内的优秀传统文化进入中小学课堂是非常必要的。

　　叶嘉莹先生曾经在回忆她小时候的时候，讲过一段话，她说："我开蒙读的书就是《论语》，《论语》对我做人的思考影响巨大，当我听到'朝闻道夕死可矣'，被深深地吸引，心中有一种很强烈的冲动。道是一个什么样的东西啊，怎么那么重要，以至于宁可死去。"她四五岁读《论语》时就能有这样的感受。在这段话的最后，她说："我相信宇宙间确有一种属灵的东西，我不但相信，而且感觉得到，也体会得到。我这个人天生注重精神、感情，不注重物质、身体，也许这是个缺点。但我生性如此，也只好把缺憾还诸天地了。顾羡季先生曾说：'一个人要以无生之觉悟为有生之事业，以悲观之心情过乐观之生活。'一个人只有在看透了小我的狭隘与无常以后，才真正会把自己投向更广大更高远的一种人生境界。诗歌的研读，对于我，并不是追求的目标，而是支持我走过忧患的一种力量。"⑧

　　我在每一学期上课开始，就把这一段话写到我珠海课堂的黑板上。在上课之前，给全班的每一位同学深深地一鞠躬，表示我对学生的尊重，对传统文化的重视。开始学生并不以为然，经过了一段时间之后，他们也提前半小时跟着我一起来抄写。当我站起来恭恭敬敬地给他们鞠躬的时候，他们也都站起来了。我说："同学们晚上好"，他们说："先生晚上好。"讲完课以后，我会跟他们深深又一鞠躬，说："谢谢大家，晚安。"孩子们也都站起来："先生辛苦了，晚安。"所以孩子们是很天真的，只要用正确的方法教育，完全可以感化他们的心灵。因为他们的心和圣贤的心是相应的。读了圣贤的话，能够震撼自己的内心。

　　因此，中国文化经典可以陶冶现代人的性情，治疗现代人的心理疾病。是"天子以至于庶人"真正安身立命的精神支柱，是人之所以为人的依据。我们学习《论语》《老子》等文化经典，不仅仅是为了增长见闻，或者附庸风雅，而是为了安顿自己的身心，涵养自己的性情，传承民族的传统。使自己在天地之间可以站得稳、行得正，在纷纭的世事中找到一处心灵的乐土，在"天人合一""知行合一""情景合一"中追求真善美的互诠、圆融无碍的人生境界。这是中国传统教育的一个特色，却也是教育本来就应该有的一个本色。

然而现在的教育却失去了这一本色，不是在根上浇水施肥，而是在枝叶上浇水施肥。所谓"根"就是中国传统教育的重点：人性、性情、生命。所以中国文化讲：人性是善性，人心是良心，人情是真情。孟子说："学问之道无他，求其放心而已矣！"《说文解字》解释教育二字："教——上所施下所效也""育——养子使作善也"。中国传统教育有强烈的"引人向善"的功能，如果我们的教育都落实到这上面，那就是回到了教育的本色。从这个角度看，回溯中国传统教育，回归到教育的本根，传承中国文化命脉，形成"文化认同"与"伦理共识"，从而走向文化自强、文化自觉、文化自信，是当下具有历史使命与时代意义的伟大课题，中国传统教育的智慧也必将在文化自信中熠熠生辉。

（二）传承命脉和民族精神

习近平总书记在 2014 年 9 月 9 日视察北京师范大学讲话时曾说："我很不赞成把古代经典诗词和散文从课本中去掉，去中国化是很悲哀的，应该把这些经典嵌在学生们的脑子里，成为中华民族文化的基因。"后来他也曾说："抛弃传统、丢掉根本，就等于割断了自己的精神命脉。""教育改革要坚持文化自信，好经验要坚持，不足的要补齐。"到了 2017 年，中共中央办公厅、国务院办公厅印发了《关于实施中华优秀传统文化传承发展工程的意见》，这份由"两办"印发的文件意义特别重大。该工程的总体目标是："到 2025 年，中华优秀传统文化传承发展体系基本形成，研究阐发、教育普及、保护传承、创新发展、传播交流等方面协同推进，并取得重要成果，具有中国特色、中国风格、中国气派的文化产品更加丰富，文化自觉和文化自信显著增强，国家文化软实力的根基更为坚实，中华文化国际影响力明显提升。"

我们要文化复兴，要重建道德和价值观念，建设和谐社会，当然要从传统的中华文化中吸取营养。不能抛弃自己的传统文化，重新引进另外一个民族或国家的价值观念，那是没有根的。我们当然要吸收其他的优秀文化。但前提是自己民族文化的根扎得要深，扎得越深吸引的能力也就越强。科学技术可以从西方引进，但民族精神不能从西方引进。中华民族的伟大复兴，离不开民族精神的引领，体现民族精神的优秀文化，以及传统伦理道德，是沉淀在民族的思想意识和行为规范里，是民族心理和民族性格的组成部分，制约和影响着人们的现实生活。清代的学者龚自珍说过，"史存而周存，史亡而周亡，灭人之国，必先去其史"。一个民族的历史和体现民族精神的优秀文化及传统伦理道德，至少应视为治国者的教材。因为它直接关系到天下兴亡、民族存灭。著名的爱国人士闻一多先生在抗战时期讲过一段话，至今让我们深思。他说："我国前途之危险，不独在政治、经济有被人征服之虑，且有文化被人征服之祸害。文化之被征服，与其他方面征服，百千倍之。"学亡则亡国，国亡则亡族，保文化学术，乃救国家民族，这是老一辈的学者十分强调的。

联合国教科文组织国际教育发展委员会在其编写的《学会生存》中指出："人类要发展，一方面要面向未来，另一方面要回到人类的源头，向我们的先辈汲取智慧。"所以西方最好的大学，比如哈佛大学，它既有领先世界的现代科技研究，同时还研究各个民族历史的文化教育。我们可以从那些学校看到研究世界几大古文明的成果。

今天，人类正处在社会急剧大变动的时代，回溯源头，传承命脉，相互学习，开拓创新，是各国弘扬本民族优秀文化的明智选择。我们应该确立起强烈的民族精神，自强意识，民族文化发展意识，优秀传统教育思想与文化的再生创新意识，把潜在的精神资源转化成现时的精神发展，与建设的能源和动力。我们应该以一种包容博大的文化与思想胸襟，放眼世界和未来，凭借从慎重检视和细致考辨过的文化经典作品中汲取出来的强大的精神原动力和民族自信心，来参与这场全球性的文化和思想的现代较量和交融，让体现民族精神的优秀传统教育思想在"文化自信"中"重新燃起火焰"，迎接新的"轴心时代"⑨的到来，实现中华民族的伟大复兴。

（三）诗书礼乐与心性教育

中国传统教育是博雅教育，既包括今天的技术教育、知识教育，也包括艺术教育、身体教育和生命教育等德、智、体、美诸方面，其核心是如何使人成为全面发展的人，尤其是道德的人。孔门四科"德行、言语、政事、文学"，以德行为先，以人格修养为主。当代著名的教育家、文学家朱自清先生说："诗与文，都出于口语；而且无论如何复杂，原都本于口语。所以都是一种语言。诗原是'乐语'，古代诗和乐是分不开的，那是诗的生命在歌唱。"⑩母语，对于我们每一位青少年的成长是非常重要的。张志公先生在《传统语文教育教材论》中说："语文是个民族性很强的学科，它不仅受一个民族语言文字特点的制约，而且还受这个民族文化传统，以及心理特点的影响。"⑪《礼记·文王世子》曰："凡三王教世子，必以礼乐。乐所以修内也，礼所以修外也，礼乐交错于中，发形于外，是故其成也怿，恭敬而温文。"世子就是太子。三王就是夏、商、周三王。在夏、商、西周三王时代规定，必须用礼乐教育世子，乐用来进行内心精神方面的修养，礼用来进行外在行为方面的教育。礼乐涵养于内心，而发现在表面，因而融合成快乐、恭敬、温文尔雅的风度。礼的作用，在于约束人们的外部行为，具有一定的强制规定性；而乐则重在陶冶人们内心的情感，使本来具有一定强制规定性的礼变成能够获得自我满足的内心精神的需要。这种礼乐教育在三王时代处于向上发展的时期，对于改变社会习俗，稳定社会秩序，加强各诸侯国与王室之间的联系，确实起了重要的积极作用。所以古人认为"移风易俗，莫善于乐；安上治民，莫善于礼"。礼乐二者巧妙地配合，相辅相成。所以赵朴老（赵朴初）讲中国文化曾说："中国教育，就是礼乐二字。"

孔子说，一个人的修养，应该从学"诗"开始，以激发其情感和意志；进而学"礼"，以约束其言行；再学"乐"，以形成其性格，完善其品德。这就是他所说的："兴于诗、立于礼、成于乐。"南开中学和南开大学的创始人张伯苓先生，在提倡人生教育和人格教育上，特别强调他的"四十字镜箴"。南开中学的校史上这样记载：当时美国哈佛大学校长到天津来考察，他看了很多学校后觉得南开中学很优秀，他就请教张伯苓的教育方法。张伯苓先生就把他引到学校大门口，大门口有一面大镜，镜子上面刻了严范孙（严修）先生写的四十字箴言："面必净，发必理，衣必整，钮必结。头容正，肩容平，胸容宽，背容直。气象：勿傲，勿暴，勿怠。颜色：宜和，宜静，宜庄。"每一个老师或者学生一进学校，首先要看到镜子上的这四十个字。哈佛大学的校长听了之后深受启发，他回到美国以后，又专门指定了三个工作人员，再次飞到天津，考察这段话的历史源流，在美国报纸上发表。

可以说张伯苓先生深谙传统教育的智慧，儒家教化不是所谓道德说教，而是春风化雨，把"齐家治国平天下"的理想目标落实到教育的每一个"格物致知，诚意正心"的"修身"细节之中，从细微处施以"润物细无声"的教化，这不是一种外力强加的方式，而是真正自觉的自我教育，是生活实践式的，通过点滴积累，收获自己的体验。既可以丰富君子自身，调节性情，又通过君子的行为，影响公共事务与民间风俗。

中国传统以教育为立国之本，教育不应该被片面地理解为科学技术知识的传授，还应该强调道德理性和人文精神的重建。现代社会要关心人的问题，肯定人的生命生存的价值和意义。西方的"工具理性"不能完全代替"价值理性"。所以我们应该深深地挖掘中国传统文化和传统教育关于这方面的思想资源。这对于加强现代人文主义教育思潮和影响，遏制科学主义片面发展"工具理性"所造成的种种的现代弊病，可以起到一定的积极作用[12]。中国传统教育的终极目的是培养民族精神，淳化代代人风，提高人的心灵素质，帮助人们修养身心，达到一种真善美统一和谐的人格境界。不管现代社会科技如何发达，不管现代商业如何繁荣，不管我们从事的现代职业如何先进、精密，人性的培育，心灵境界的提升，人们从"使然的人"向"应然的人"的超越，总是不可替代的。这对于全人类，对于我们国家和每一个人自身来说，都是生命攸关的大问题。因此，人类现代化事业的一个重要的建设层面是人性的培育、道德境界的提升。从长远的观点来说，应该把人的心性建设放在一定的高度。对人类心性的关怀才是最根本的关怀。

所以中国传统教育追求的是人的身、心，人和人、人与社会、人和宇宙自然的统一和谐。这对于21世纪完善人的性格、情操、行为和心态，净化心灵，净化社会；对于促进现代科学技术中的局部与总体、客体和主体、精神和物质、人和宇宙自然相沟通相统一的新的发展模式和方法论，都具有重大的意义。因此，挖掘中国传统文化和传统教育中有价值的观念，对于促进人类社会和生态的协调发展，从根本上解决我们现代化过程中的种种困惑，是很有帮助的，这已经成为时代的呼唤和历史发展的要求。

2014 年 5 月 4 日习近平总书记在北京大学视察时讲过这么一段话："中华文明绵延数千年，有其独特的价值体系。中华优秀传统文化已经成为中华民族的基因，植根在中国人的内心，潜移默化影响着中国人的思想方式和行为方式。今天，我们提倡和弘扬社会主义核心价值观，必须从中汲取丰富营养，否则就不会有生命力和影响力……我们生而为中国人，最根本的是我们有中国人的独特精神世界，有百姓日用而不觉的价值观。我们提倡的社会主义核心价值观，就充分体现了对中华优秀传统文化的传承和升华。"我们需要重建真正具有内在约束力的信仰系统、以"仁爱"为核心的价值系统。人性、心性、性情教育，文化理念和信仰的教育是根本的、管总的、长久的，以仁、义、礼、智、信等价值和温、良、恭、俭、让的品行来美政美俗、养心养性，是历史上我国教育的传统，值得我们借鉴，将其用于今天公民社会之公民道德的建设之中，也是我们今天构建和谐、文明的现代中国社会的需要。

注释：

① 牟宗三著：《中国哲学的特质》，上海古籍出版社 1997 年版，第 1—8 页。

② 《展望 21 世纪——汤因比与池田大作对话录》，国际文化出版社出版公司 1985 年版，第 389、425—426 页。

③ 1988 年 1 月 14 日 澳大利亚《堪培拉时报》刊登来自巴黎的报道。

④ 黄济主编：《中国传统教育哲学思想概论》，河南教育出版社 1994 年版，第 398—408 页。

⑤ 朱永新著：《中华教育思想研究》，江苏教育出版社 1993 年版，第 44—

58 页。

⑥　郭齐勇：《儒家文明的教养的意义》，《哲学》2010 年第 1 期。

⑦　李鋆等著：《国学基本教育·论语卷》，新华出版社 2008 年版，"序"第 1 页。

⑧　叶嘉莹、祝晓风：《书生报国成何计，难忘诗骚李杜魂》，《文艺研究》2003 年第 6 期。

⑨　德国思想家卡尔·雅斯贝尔斯在《历史的起源与目标》一书中第一次把公元前 500 年前后同时出现在中国、西方和印度等地区的人类文化突破现象称之为"轴心时代"。

⑩　朱自清著：《新诗杂话》，生活·读书·新知三联书店 1984 年版，第 89 页。

⑪　张志公著：《传统语文教育教材论——暨蒙学书目和书影》，上海教育出版社 1992 年版，"序"第 218 页。

⑫　方克立：《展望儒学的未来前景必须重视的两个问题》，《天津社会科学》1991 年第 1 期。

元朝对中国历史发展的影响

张 帆

张帆，1967 年生。1992 年于北京大学历史学系取得历史学博士学位，留校任教至今。现任北京大学历史学系主任、教授，中国元史研究会会长，中国蒙古史学会副会长。曾入选北京市新世纪社科理论人才百人工程和教育部新世纪优秀人才支持计划，并两次荣获国家级教学成果二等奖和北京市教学成果一等奖。所编教材《中国古代简史》获北京市教委颁发的"北京高等教育精品教材"称号。

张帆教授主要从事元史、中国古代政治制度史等领域的研究，著有《中国古代简史》《辉煌与成熟：隋唐至明中叶的物质文明》《元代宰相制度研究》《元代文化史》（合著）、《中国历史·元明清卷》（合著）等，发表学术论文 50 余篇。

元朝是我国第一个由北方民族建立的统一王朝，也是唯一一个由草原游牧民族建立的统一王朝。纵览元朝的史事，各方面都显示出它在中国历史上占据着比较特别的位置。元朝的建立和统治延续了百余年。在这段时间过去以后，我们再看它给历史留下了哪些影响，这不但是一个值得讨论的问题，同时也关涉到现在对元朝的定位与评价。

首先我们应该明确，应当如何界定元朝对中国历史发展的影响。在元朝统治期间发生了很多事情，历经十多个皇帝，它的各种政策、制度也比较复杂，那么其中哪些因素对以后的中国政治、社会发展产生了作用，这是需要加以鉴别的。对此我们可以有几方面的理解。第一，有些东西是自然发展的，从逻辑上推断，没有元朝，它们也会呈现出这样的状态，最多是进度、规模稍有差异而已。虽然说历史不能假设，然而发展趋势确实如此。比如过去人们经常讲的，元朝时期程朱理学开始在全国思想界占统治地位。但实际上，程朱理学占据统治地位是一个自然的趋势，当时社会上对于这个学派的确表现出一种普遍接受的倾向，即使元朝不曾出现，它也会如此。还有讲到元朝的经济发展成就，人们经常谈到棉花种植的推广，也是一样的道理。没有元朝，棉花种植也会逐渐推广，它作为成本较低、产量较大的一种纺织原料，在当时社会上确实有很大的需求，而且逐渐有了推广的条件。又比如说在俗文学方面，杂剧、散曲等体裁在元朝以前就有一定的基础，没有元朝同样也能发展起来。因此上述种种，严格说来都不能算是"元朝对中国历史发展的影响"。

第二，还有这样一种情况，元朝的确带来了某种影响，但在元朝灭亡之后，这个影响就逐渐消失了。举例来说，比如对不同区域和民族的人群给予区别对待、读书人社会地位下降等现象，在元朝灭亡后并没有被延续下去。这些虽然可以算是"元朝对中国历史发展的影响"，但比较次要、不够长远，因此我们在这里也暂时不予讨论。

第三，把前两种情况排除以后，我们会发现在元朝统治下的社会的确出现了某些现象，它们和前面的历史基本接不上，但和后面的历史能接上，并没有随着元朝的灭亡而消失——这才是最主要的"影响"，也是我们重点要谈的。值得注意的是，这里的其中相当一部分影响与金朝有关。金、元都是北方民族王朝，前后相承，对中国历史有相同方向的推动。在很多时候，金朝和元朝对历史带来的影响是混在一起的，很难截然划分；然而，毕竟金朝的疆域和统治时间都较元朝有限，所以它的影响会比较小。下面要谈的问题，或多或少都有金朝的背景，但是无论如何，元朝的影响是主要的。以上就是我们在进入正式讨论之前的一些梳理和交代。

一、"大统一"

元朝影响的第一方面就是"大统一"。在这里加上"大"字，也是对元朝统一范围的强调。在元朝之前，现今中国版图上的区域呈现多个政权分立的局面，元朝分别将它们收入囊中，出现了久违的统一格局。与此同时，元朝领土的统一规模也要大于过往王朝，比如之前的北宋，其统一区域其实只局限在汉族地区，较元朝而言要小得多，这两种"统一"并不是相同的概念。再比如被我们称之为"盛世"的汉唐，这两个朝代的统治者的确曾经开疆辟土，打了很多胜仗，其版图一度也很辽阔。然而跟元朝相比，汉唐时期尚未对边疆地区形成稳定的控制，大规模的统一往往也是短期，甚至是瞬时存在的局面，或者是仅仅维持着名义上的朝贡体制。

从上述两方面来看，元朝"大统一"的广度和力度确实要超过以前的所有王朝——这不仅被历代史家公认，频繁地在官私史书的记载中出现，而且元朝人在当时就对此津津乐道。对国家统一、版图辽阔以及统治稳定的歌颂，可以说是元朝的"时代主旋律"，从而体现出元朝人对于自身所处朝代的一种理解。由此，我们不妨顺便谈一个问题，即元朝能否代表中国？就主流观点来看，元朝统治者的入主中原、建立政权，存在一个汉化的过程；他们接受了汉族社会的典章制度，也确立了儒家思想的指导地位。就中国古人的家国观念而言，他们对于文化传承的重视要高于血缘，少数民族政权如若接受了中原传统的制度与文化，就会获得人们的认同。这种观念当然与我们今天对于领土国家、民族国家的认知有所区别，更多程度上是一种"文化国家"观念的体现，但它的确在中国古代占据着主导性的地位。

我们可以注意到，讴歌元朝的辞章基本都是由汉族文人所写，他们显然是把元朝当作中国的一个朝代来讨论，同时自然而然地将元朝与以前各朝进行比较，以彰显元朝的优越。如果我们问他们这个问题："你认为元朝能代表中国吗？"他们肯定觉得可以，或者说他们不会觉得这是个需要讨论的问题。当然，在宋元之际，有少数秉持坚定汉民族主义立场的知识分子，坚持不与元朝合作，他们确实认为元朝不能代表中国。但是总体而言，这样的人非常少；随着时间的推移，持有这种观点的人慢慢也就没有了。总之我们现在可以说，在元朝统治时期，绝大多数人还是接受了这个政权，认为它能够代表中国。

元史学家周良霄先生曾经专门探讨过元朝统一问题，就其影响做了四点归纳。首先，它初步奠定了中国疆域的规模，为我国现今版图轮廓在清朝的最终奠定提供了不可或缺的基础。其次，元朝的统一换来了国内相对和平与安定的大环境，为南北方经济的恢复和发展创造了条件。第三，它推动了中华民族多民族大家庭的发展，促进了汉族与其他民族的融合与交流，并且逐渐形成了回族、蒙古族等新民族。第四，元朝的统一带动了科学文化的发展，同时进一步拓宽了东西方交流的通道，比如宗教的传播、时人对于域外地理知识的了解的增多，都与此有关。从这几方面我们可以看出，统一确实是元朝的重要贡献，它为中国的历史发展带来了很多积极影响。

比如说，我们都知道元朝颁布了一部著名的历法，即由郭守敬编制的《授时历》。凭借当时的天文观测技术与相关理论，他采集、分析并最终推算出来的各种数据，其准确程度都跟近代科学水平相当接近，于是《授时历》也向来被视为一部先进、精密的高水平历法。根据历史记载，郭守敬在全国各地分别设立了 27 处观测站，它们跨越了很大的纬度范围，北到西伯利亚、南到南海诸岛，为广泛收集原始数据营造了充分的条件，而这无疑得益于元朝的统一以及辽阔的版图。

元朝统一造就的强盛国力，将传统的朝贡外交体制发展到了一个新的高度，推动了中国与其他国家地区的联系。这也大大拓宽了元朝人的眼界，他们对世界的认知较前代变得丰富起来。我们现在能看到当时人绘制的世界地图，虽然比例不尽准确、细节也多有疏漏，但不论是在图上标注的众多域外地名，还是大体呈现出来的地理轮廓，都能反映出元朝人对于当时世界地理格局的认识超越了前代。就文字史料而言，比如元朝航海家汪大渊在其著作《岛夷志略》里详细记述了他的旅行见闻，涉及 200 多个国家和地区，是研究古代亚非区域历史地理的珍贵资料。还有一些重要的地方志，如《大德南海志》，记载元代广州地区赋税、物产、对外贸易等情况，也间接涉及了许多海外地理知识。这方面的积极影响其实并不限于元代一朝，明朝初年郑和下西洋依赖的各项基础，诸如航海技术和海外地理知识等等，其实都跟元朝的"大统一"息息相关。

二、专制的强化

元朝影响的第二方面是专制的强化，这可以说是具有消极含义的。我们不妨先做一个简单的辨析，即一般人提到"元朝给历史发展带来的消极影响"，首先想到的可能是战争破坏与烧杀抢掠；但是如果以长时段的眼光观察历史，就会意识到这种事情可能并不算是最根本的消极影响。中国历史上经历了多次改朝换代，大都造成比较严重的破坏，这并不完全是由新王朝统治者民族属性造成的。同时，这些破坏又会在之后的时日里得到逐渐恢复。因此，我们更需要重点关注的是一些能够长期发挥影响的因素，比如政治体制或者政治理念的变化。通过对元朝政治生态的考察，我们会发现它和前代有所不同，但却影响了其后的朝代，显示出元朝在其间的影响——这也是我们主要讨论的内容。其中较为突出的一点便是专制的强化。

在这里我想插一句，历史教科书一般都会把中国古代政治体制称之为君主专制，专制主义、专制集权这类词用得也很多。关于这些词到底应该怎么用，学界有很多讨论。有些学者认为"专制"一词对于中国历史并不贴切，它反映的是西方人对于东方社会的一种偏见，因此建议不要用"专制"来描述中国历史。这方面的争论比较复杂，没有时间细讲。不过，我认为"专制"这个词可以用，它比较能够说明中国古代王朝的特征，同时我们的历史课本对这个词一直也都是接受的。

作为一种政治体制的君主专制，自秦朝建立以来，在之后的历史发展中有着漫长的演变过程。到了唐宋时期，特别是在宋朝，专制程度其实已经有所削弱。就好像是拧螺丝一样，拧得不是那么紧了。但是到了元朝，就又将螺丝拧紧，专制重新加强，并且直接影响到其后的明朝和清朝。

中国秦朝以下的政治体制，以君主专制为前提，以官僚机器为统治工具。官僚机器自身有一套相对成熟完善的运行规则，君主在很多时候也需要尊重以及遵守这套规则，形成一种制衡状态。而且，官僚机器在运行过程中，也倾向于把君主囊括其中，按照规程实行统治。这样的制衡状态，在宋朝表现得比较典型。宋朝统治的总体特色表现为做事不太走极端，士大夫群体的自主性比较强，不同意见、不同势力相对来说可以互相包容，讨论重大决策时也能尽量做到集思广益——有这样一些在今天可以称为"开明专制"的做法。诚然，其统治有效率低下、程序庞杂烦冗等缺点，但是无论如何，专制程度明显有所削弱。而明朝的情形却显然不是这样。比如我们都知道明朝有一种被称为"廷杖"的做法，官员因为与皇帝意见不一致，说了皇帝不爱听的话，于是就被恼怒的皇帝下令暴打一顿，打死或者打残的现象时有发生——这就又变回了典型的"家天下"做法，即更接近于一个家长在责罚仆人，而不是讲道理、按规则地进行管理。大家都知道明朝的廷杖，但不一定注意到，杖责臣下以显示权威的做法，在金元两朝已经比较常见了。

总之，宋朝的君主专制能够容纳一些近似"民主"的成分，君臣相对都比较理性，有事情可以协商，不讲道理、肆意妄为的情况比较少。与之相反，明清时期君主的专权及其蛮横程度却明显提高，这就跟金朝、元朝这两代的政治氛围有很大关系。金、元两朝的统治者来自北方民族，其社会与国家的发展形态当时都还处于早期阶段，君主权力至高无上，官僚机器很难对其形成约束，反而被其高度控制。君主具有明显的为所欲为倾向，把整个国家视为己有，或者说是以一种家长的身份统治国家、掌控政权；所有人只能无条件听命于统治者。应当说，早期国家的政治生态大都有这种特点，也就是我们刚才所说的"家天下"。因为国家的治理机构、管理制度都不健全，需要仰仗和依靠君主的个人魅力、个人权威进行统治。而这样的统治者对于国家的管理，其实也不过是对家庭管理的一种直接放大。所以在这种情形之下，君主和官员的关系就不完全是上下级关系，更像是一种主仆关系，甚至是主人与奴隶的关系。统治阶级的内部关系在中国历代的表现各不相同，金、元两朝把北方民族社会的主从隶属关系再一次带到了中原王朝的政治领域，使得"家天下"的色彩大大强化。

所谓"家天下"，指的就是帝王把国家、土地和臣民都当作自家的私产来看待。与其相关的一个重要表现就是分封制。自秦朝开始建立中央集权以来，分封制随着时间的推移逐渐式微。唐宋时期，国家至多封给皇族一个表示相应待遇的头衔，不会再将一片土地直接分封给他们。不论是作为政治理念的"家天下"，还是作为政治制度的分封制，到宋朝都已相当淡化；然而到了元朝，却都又进一步强化起来，包括注入了草原分封制的因素。这也深刻影响到后面的明朝，以至于出现了"靖难之役"这样的藩王叛乱夺位事件。

另外，宋朝统治者一般不会处死官员，这种做法被称为"不杀大臣""不杀士大夫"。在政治斗争中被打倒的一方，不会被直接处死，这体现出宋朝政治气氛的理性化。然而，这种情况在元朝就有了显著改变，不要说一般官员，宰相被杀也是常有的事。这本质上也是一种"家天下"统治理念的体现：无视规则流程和法律体系，决策与日常行政运作往往被统治者的个人好恶所支配；统治者的权力无从约束，甚至无限膨胀。到明朝、清朝，对政治斗争失败者的直接消灭同样十分普遍。

不过，元朝在政治领域专制的强化往往主要停留在理念层面。草原游牧民族出身的统治者并不擅长细致严谨的管理工作，往往只习惯于搭建粗线条的大致原则，具体的贯彻执行则疏漏百出。于是就导致了一种奇怪的现象，一方面元朝皇帝要总揽大权，官员群体并无独立的地位和权益可言，更像是为其"家天下"费心操持的管家和仆人；另一方面，皇帝自己其实又不怎么管事，对细化皇权并且逐一落实的过程缺乏经验与耐心，因此使得以元朝丞相为典型代表的若干官员，实际上又掌握着比较大的权力。这种情形在明朝初始就被朱元璋彻底颠覆，他甚至直接把宰相制度废除了——元明两朝在这方面的表象的确很不一样，然而就其本质而言又并无区别，二者所蕴含的深层政治理念是相同的，都是对"家天下"形态的强化，这无疑也体现出历史复杂的一面。

元朝的专制强化，在狭义层面是皇权的加剧和扩张，就广义以及相关问题而言，诸如君主与臣民的人格差距、对臣民的人身控制、蓄奴现象等，其实也都有相应的表现。贯穿中国古代历史的君主专制政体，其实是一种"大政府、小社会"的治理模式，强调国家对社会的紧密控制。这样的情形也是到了唐宋，特别是在宋朝有所好转。比如，宋朝官府对于老百姓的人身控制，相对而言比较松，诸如人口流动、户籍迁移等事宜，虽然不至于非常随意，但总体来说还是相对容易；择业方面的自由度也还算宽裕。元朝的户籍管理就比宋朝严格很多，其中的"诸色户计"制度，就是元朝加强社会控制的鲜明例证。所谓"诸色户计"，就是将居民按职业划为若干种户，推行全民当差服役的制度；职业一经划定，便要承担相应的赋役，世代相承，不得更易。元朝统治者把国家的各项需求分解到不同行业，由此将社会成员的身份与职业固定下来，当作工具使用。皇帝或国家对百姓的人身控制明显强化，这自然是专制的表现。之后的明朝也是这样的情形，一直到明朝后期才又慢慢地放开。

我们还可以就蓄奴问题多说几句。中国传统社会早先一直有很强的奴隶制因素，不过也是在宋朝时得到了相当程度的缓解：宋朝的奴婢、丫鬟等职业，大都是契约雇佣关系，没有完全失去自由，也基本不存在奴隶身份无法改变的问题。然而，元朝统治者把草原社会的奴隶制注入中原，战争中大量俘虏沦为奴婢，蓄奴现象便在元朝重新抬头，并影响了之后的明清两朝。奴隶制因素的湮灭和重新抬头，反映了不同时期社会层次的区分度。就是说，在宋朝，纵然仍有贫富之分、贵贱之别，不过全体社会成员在人格上趋于平等，很少出现有人生来就是受人奴役、世代相传的"贱民"身份这种现象。元朝则又把这种区分度、这种社会成员之间的严重不平等重新拉大了。

在这里我想补充一句，我们认为元朝专制程度有所强化，并不是说元朝之前的王朝原本不专制，直到元朝统治者入主中原后才将其带入，而是说专制统治很长时间以来是中国王朝的传统，皇权一直存在膨胀的潜能，只不过其扩张往往又引发了制衡因素的加强。元朝的情况则是皇权与其制衡因素之间的张力基本消失，皇权单方面膨胀。另外，当历史发展到一定时期，有些专制因素已经逐渐淡化，或者出现了一些松弛趋势；然而在元朝，又将这些缓和的苗头熄灭，专制重新强化。而且这方面的影响不仅限于元代，同样延续于明朝甚至清朝。强化专制的螺丝一旦被拧紧，再松开是很难的。

三、制度的断裂

元朝影响的第三方面是制度的断裂。不过我们首先要强调，就中国古代制度史而言，这里所说的"断裂"其实是一个次要方面，总体来看还是延续的。比如君主专制、官僚制度与国家机器的设置、监察制度、法律制度等，大体框架基本做到了历代承袭，在元朝也是一样。如果不是以延续为主，那倒可能真的会引发一个问题，即我们刚才提到的"元朝还是不是中国"，但这种情形实际上并没有发生。在这个大前提之下，我们再来讨论元朝在制度层面出现的一些断裂。

　　具体来说，唐朝后期到宋朝这一段的制度是很繁琐的，之后的金朝对此进行了大幅度的简化，看上去简单很多。元朝的制度比金朝乱一些，但这是元朝自己搞乱的，并不是恢复之前的繁琐。总之，中国古代制度史上的"变革"有很多发生在宋与金、元两朝之间，宋朝政府的一些行政手段、管理方式以及成形制度，到金朝、元朝逐渐不见了；宋朝的很多制度名词也从金、元开始消失了——这就是我们所说的"制度的断裂"。

　　比如说，宋朝有一些照顾中高级官员权益的制度——这可以说是官僚机器自我保护、自我获利的机制，也是政治制度自身发展、磨合与慢慢积累的结果；但是很多都没有被金、元两朝继承。宋朝官员当到一定级别之后，薪水就会分成两部分发放，一部分是级别工资，一部分是岗位工资。也就是说，即使没有岗位，官员也可以凭借行政级别领取一份基本工资。金、元就不行了，官员有岗位才有工资拿，没岗位的话一分钱不发。作为北方民族的元朝统治者，对于这种复杂微妙的制度设计是难以理解的，同时其"家天下"的政治理念也不可能让官僚阶层获得如此显著的优待。此外，还有很多形式主义、繁文缛节的做法，也是历经多个朝代形成的一套完整体系；但是元朝统治者对其更是不明所以，索性把它们直接废除。制度上的断裂就是这样产生的。

　　断裂并不全是坏事。有些东西，比如烦冗低效的形式主义做法、维护特权的制度等，不予继承是有合理性的；但宋朝有一些适应商品经济发展的制度，之后也没有被元朝全部继承，就有些可惜了。随着唐宋时期社会经济的发展，国家治理手段也得以逐步跟进，出现了一些比较先进的管理方法。然而，元朝统治者对于成熟的商品经济以及与之配套的制度建设感到陌生和费解，同时也没有了解乃至顺应其发展的意识与耐心，反而采用若干简单粗暴的原始方法，以粗线条的管理方式取而代之。

　　我们可以举例说明。比如，宋朝政府对商业发展采取一些带有扶持性质的政策，其前提是政府要向商业活动征税。那自然是商业发展得越繁荣，政府收缴的税额也就越多，形成一种双赢的局面，因此商税制度相对也就比较健全。对于宋朝在某一地区多处设立征税关卡的做法，过去认为这是打击商品经济、横征暴敛的表现，但根据学者研究，这可能是错误的理解。实际上，并不是说每过一个关卡就要收一次税，而是在一定区域范围内，商人只要在一个关卡交过税，其余关卡就都不用交了。之所以多设关卡是为了防范逃税，即便有人把这个关卡绕过去，下一个就不一定能绕过去。所以，这是在商品经济繁荣的环境下为了保证税收而设计的制度，并不是重复收税、加重税负的举措。元朝统治者自然也察觉到了商业活动存在的偷税漏税隐患，特别在基层集市体现得尤为明显。但他们的解决办法，却不是通过增设机构、加派人员等方式去加强管理，而是直接取缔民间集市贸易——这种管理理念与制度建设水平显然很落后，当然，也没有做到。

　　再比如，宋朝有一套很发达的政府采购制度，设计相对完善合理，涉及采购政策、采购程序、采购管理等多项内容。然而元朝在这方面的措施制度就要简易得多，可以说几乎不再存在"政府采购"的意识与概念，而是由统治者直接指定一部分人生产所需特定物品，被指定者不得改行、世代相传——这种原始管理手段的复归，表现出元朝的治理风格实际上并不太适应商品经济的繁荣以及商业社会的发展。

　　制度断裂这个问题比较专门，也很复杂，仍然有待深入研究。总体来说，由于元朝实行的行政手段多流于简单粗暴，摈弃了许多细化的东西，所以历史学家孟森先生对此评价"自有史以来，以元代为最无制度，马上得之，马上治之"，即元朝在国家治理方面的水准不高。所谓"元朝最无制度"，并不是指元朝没有制度，而是说元朝的制度过于粗线条。中国历代统一王朝，一般来说，一旦统治完全稳定，统治基本可以延续两三百年；然而作为拥有雄厚军事力量的元朝，征服期间战无不胜，却维持一百多年就灭亡了，这反映出来的其实是管理水平的粗陋和低下。面对错综复杂的社会情况、层出不穷的现实问题，元朝统治者只局限于搭建粗线条的统治框架，无力进行更为细致扎实的制度建设，从而加剧了各种类型社会矛盾的积累，最终对其统治造成了颠覆性的影响。而且，制度断裂的问题实际上延续到元朝以后。明朝虽然建立了一套比较规范和系统的制度，但在管理细致方面，也没有恢复到宋朝的水平。

四、经济的波动

元朝影响的第四个方面是经济的波动。诚然，评价一个时代的经济发展水平需要具体指标，而历史上的这些指标往往残缺不全，有记载的指标又不见得准确，所以我们在很多时候只能通过一些概括性的史料进行粗略判断。对于元朝经济发展水平的探讨，也是一个较有争议的话题。

研究宋史的学者，认为宋朝经济发展繁荣，但这种良好的势头却被元朝的入侵破坏了，并且元朝的经济水平也较宋朝出现了倒退。他们更为关注并且强调元朝在经济领域的负面影响。至于元史学者，就会从战争对经济的破坏程度、破坏范围以及战后经济的恢复等方面，为元朝作一些辩解。当然，他们也不可能说元朝的征伐战争没有对经济造成破坏。其实，经济受到战争破坏是历史上反复出现的常态，改朝换代时往往如此，而且后面都会逐渐有所恢复，体现出"由治而乱，由乱而治"的循环特点。但是如果仔细观察，我们会感到元朝征伐战争造成的经济破坏力度，恐怕要比别的朝代更迭时期更大一些。这是草原游牧民族对于农业经济的隔膜所导致的。他们往往采用杀鸡取卵式的烧杀抢掠，一段时间内会完全忽视经济发展的可持续性。

总体而言，元史学者对于元朝经济所进行的一些研究或辩解，并非全无道理。这方面还应该提一下经济史专家李伯重先生，他分析了宋元明时期江南农业的一些具体数据，认为这段时期的发展水平没有太大变化，不应当说元朝经济有明显倒退。李先生不是治元朝断代史的学者，其结论可能比较客观。他对元朝经济的专题研究，我觉得多少能够替元朝经济作一点辩护，不过其力度也是有限的。

我们看元朝各个行省的人口数字，就能发现一些问题：江浙行省、江西行省、湖广行省的人口加起来占到全国的4/5以上，尤以江浙行省最突出。换句话说，元朝的人口分布在江南最密集——这也进一步印证了江南地区的经济确实没有受到很大冲击，复苏的状况也比较好。但其他地区的人口萧条，只能认为是经济严重破坏的结果。比如四川，在宋朝是仅次于江南的全国第二大经济中心，然而宋元双方在四川展开长达数十年的拉锯战，把这个经济中心几乎彻底毁掉了，历经整个元朝都难以恢复元气，直到明朝中期才又慢慢发展起来。所以，我认为元朝的经济水平，就算不能说用倒退和逆转来形容，至少也是迟缓或迟滞，或者出现了局部的倒退。在元朝奠定统治以后，也确实有所恢复，但是总体而言没有恢复到很高的水平。

五、余论

今天我们总结元朝的影响，可以归纳为这四个大的方面：大统一、专制的强化、制度的断裂和经济的波动。还可以由此再概括一下，从政治、经济和文化这三个领域入手，予以进一步讨论。我们会发现，元朝统治对中国历史发展的最大影响集中在政治领域。版图的开拓是个政治问题，专制的强化也是个政治问题，制度的断裂在很多时候还是个政治问题。在政治这个层面，元朝对后世的影响确实不可低估。其次是经济领域。征服战争使得社会经济遭受了相当大的打击，不过这种打击不是均衡的，也没有完全造成一蹶不振的后果。经过元朝的百年稳定统治，还是得到了明显恢复，但也没有恢复到宋朝时期的繁荣——这自然跟元朝历时较短有关系，如果它的统治再多维持一百年，恢复到宋朝水平的可能性也是有的，不过这种假设并无意义。我们只能说，元朝在经济领域造成的影响，虽然与政治领域相比稍小一些，但是也非常值得我们关注。

元朝统治对中国历史影响比较弱的地方在哪儿呢？那就是文化方面，这是很有意思的。在中国的传统文化领域，那些在元朝出现的新现象，比如程朱理学统治地位的奠定、戏曲小说的繁荣等，基本都是因循既有的道路发展，并没有因为边疆民族的入主造成什么特定的曲折或者转向。魏晋南北朝时期，曾经有一次大规模的边疆民族入主中原，并且从文化的角度对内地带来了鲜明而深远的冲击，其中最典型的现象就是佛教的广泛传播。在此之前，佛教在中国的传播范围相当有限、影响也比较小；但是由于各少数民族政权在这方面的推动，陡然提升了佛教在中国的地位。随着佛教进一步中国化，在之后的隋唐时期，它几乎成了主流文化。与此相比，元朝统治所带来的一些外部文化因素，比方说伊斯兰教、基督教，也对中原产生了一定影响。但当元朝统治结束之后，我们就会发现这些影响其实都不是很显著，根深蒂固的东西比较少。如果一定要强调的话，也就是伊斯兰教的传播推动了回族在元、明时期的形成——这应该算是元朝从文化角度对中国传统社会带来的最大影响了。但就总体而言，元朝的统治并没有切实影响到中国传统文化的基本格局与主流发展趋势。

　　我们之所以反对"元朝不能代表中国""崖山之后无中国"等说法，也有这方面的理由，即元朝的统治并没有对中国文化造成颠覆，甚至连比较明显的曲折都未曾出现。这很大程度上是因为中国传统文化发展到宋朝，已经非常成熟了，同时也更有韧性。当它面对外来文化冲击之时，已经不会轻易出现松动，最多就是予以有限的吸纳，但本质上的渗透与改变是不太可能的。中国文化真正受到外来因素的强有力冲击，要到晚清才会发生。

　　以上，我分四个方面向大家介绍了元朝对中国历史发展的影响，之后我又从政治、经济、文化三个领域进行归纳，认为元朝在政治方面的影响最大，在经济方面的影响次之，在文化方面的影响似乎比较小——这也是我对元朝历史定位的一个大概总结。

空间与形态

——历史时期中外城市比较

李孝聪

李孝聪，1947 年出生。北京大学历史学系教授、博士生导师，北京大学历史地理与古地图研究中心主任。1978 年起和 1985 年起分别在北京大学历史系和地理系学习，获历史学士学位和地理学硕士学位。兼任水利部水利志书编纂委员会专家组成员、中国科学院自然科学史学会地学部副主任、国际地图史杂志（IMAGO MUNDI）编委、上海师范大学人文与传播学院特聘教授、武汉大学国家领土主权与海洋权益协同创新中心特聘研究员。

李孝聪教授主要从事历史地理学、交通与城市历史地理研究、中国地图史研究、河渠水利史研究、中外城市史比较研究、历史文化名城的保护与规划、中国地方志与地理文献研究。主持国家"七五"重点科研项目、教育部社科基金项目、国家科技部科技基础性工作专项项目、国家社科重大招标项目等 12 项。著有《欧洲收藏部分中文古地图叙录（中、英文）》《美国国会图书馆藏中文古地图叙录（中、英文）》《中国城市的历史空间》等学术著作，在海内外学术刊物发表论文 100 余篇。

　　改革开放以来，中国的城市发展波澜壮阔。伴随着我国城镇化建设的高速发展，如何走出一条有中国特色的城镇化发展道路，是大家共同关注的问题。对于这一问题的思考和解决，既要坚持创新、协调、绿色、开放、共享的五大发展理念，也要求我们纵观历史，放眼世界。

　　在漫长的历史进程中，中国发展出了独具特色的城市形态、城市结构和城市管理制度。而从比较文明的视野来看，则有助于发现人类城市发展的共性，理解中西方城市文明的差异，从而能从历史经验和现实需要出发，更好地建设中国的城市文化体系。

一、城市的含义和城市研究理论

（一）为什么研究城市

　　古代城市是文明起源的重要因素，是人类从血缘氏族社会进入地缘文明社会的一个重要标志。城市是因人的活动而产生的最为重要的地理现象之一，它用具体特殊的空间结构来贮存并流传人类文明的成果。城市是一个载体，它不仅能传递社会需求，还能传递历史时期的社会制度。以北京城为例，这个由二环路所框定的空间结构就可以被贮存和复制，从而传递文明成果，为其他城市的建设提供参考。

　　城市通过集聚有形的物质文化和无形的精神文化，并将其变成可以贮存和复制的形式，扩大了人类活动的范围，拓展了人与人之间、国与国之间的相互交往。比较中国唐代长安城的复原图和同时期日本平安京（今日本京都）地图，我们就会发现，在公元7世纪到8世纪，日本的平安京就是模仿中国长安而建。这在一定程度上说明，通过城市形态的贮存和复制，大唐气象被传递到了东瀛。

　　总而言之，通过城市中的纪念性建筑、城市内有序的布局以及地图和文字的记载，城市就扩展了人类活动的范围，使得人类活动可以承上启下、继往开来。甚至可以说，人类的历史进程和文化载体主要是由城市文明来体现的。因此，把城市问题当作历史研究领域中的一个重要课题，或者把城市的发展演化作为展开历史的一条引线，已经愈来愈成为历史学研究领域的前沿方法。

城市研究主要有三大理论分支。一是规划理论，主要研究如何制定复杂的城市发展决策。例如最近中央规划的雄安新区，就需要有规划理论来指导开发。二是功能理论，主要关注城市的具体功能和运转机制，由此我们可以更好地理解一个城市的形态。三是一般理论，主要处理人的价值观与居住形态之间的一般性关联。换句话说，就是如何认定城市的好坏，如何判断一个城市是否适宜居住。这三方面理论综合起来，支撑了对于城市的研究。

当然，城市形态无论多么复杂，归根结底都是由人类活动决定的。当然，人的行为并非毫无章法，而是由制度来约束的。因此，城市形态往往能够反映社会制度、自然环境和价值取向之间的关系。相应地，我们就可以通过具体的城市形态去推考人类活动与环境、社会结构之间的关联。例如，天津城在 1900 年前原是规整的方形，但随着城市的发展，海河地区逐步发展出港口和商业区，被迫开埠后，外国人又在此建立租界，这些因素都使得天津城的形态发生了变化。

不同时期的人类活动导致城市形态的改变，使得城市形态中蕴含了历史的内涵。例如，位于北京城市中轴线上的天安门广场，它在明清时期反映的是皇权的至高无上，如今已成了服务公众的人民广场。再比如由法国设计师皮埃尔·查尔斯·郎方主持设计的美国首都华盛顿，它的城市轴线从国会山一直延伸到独立纪念碑、林肯纪念堂。国会是美国立法权力所在，行政部门的国务院不在这条具有象征意义的轴线上，凸显了美国政体中的三权分立制度。

　　城市的发展始终是由连续的、有时间尺度的片断组成。对城市的解读会给人们带来历史的遐想。从具体的城市景观出发，我们就能探究城市形态形成的历史原因和社会背景，进而分析城市区域内的人类活动。换句话说，城市的形态、结构和景观都具有"可读性"。因此，通过对具体意象的解读，我们就能够"识别"相应的城市，从而了解城市社会是怎样组织和运转的。

　　城市的场景能使人类的感官产生反应，最终综合成为对一个城市的印象。同一个城市，长期定居的人和临时经过的人，对它的印象会不一样，不同阶层、不同性格的人，对它的感知也会有所不同。城市环境意象需要人来营造，它是观察者与所处环境双向互动的结果，由个性、结构、蕴意三部分组成。

（二）地图对城市研究的意义

　　地图是对绘制者选择的空间信息的结构性再现，这一点不同于照片。绘制者的价值取向往往体现在对空间信息的选择之中。依靠影像、舆图和文本来解读城市，会产生不同的体验。因此，我们在城市研究中不仅要阅读文本资料，也应充分利用地图和影像。

　　各种地图对地理要素所采用的不同表现方式、透视方向、载量取舍，既代表某个时代的科学技术水平，也反映那个时代的政治、思想和文化。地图中透露的丰富信息，能为我们研究某一时期、某一区域的历史、政治或军事地理，提供相对准确的时空断面。通过对各类专题地图的分析，我们可以明瞭时人对特定地理空间的理解，也能进一步分析其理解是如何通过图像表达的。

　　今天的地图主要是经纬网控制的实测地图，全世界各个国家的绘制技术水平都相对同一。但是古代与今天存在很大差异，我们应该把古代地图中深层的文化含义发掘出来，为历史研究提供参考。

（三）"城市"的含义

"城市"这个词，从古至今概念是不一样的。

"城"指城墙，主要强调有形的墙体和军事上的防御职能。《墨子·七患》说："城者，所以自守也。"《吴越春秋》说："筑城以卫君，造郭以守民。""城"和"郭"是两个不同的概念，"城"若分为两重，那么诸侯王居住的内城就叫"城"，百姓居住的外城就叫"郭"。《孟子·公孙丑下》说："三里之城，七里之郭，环而攻之而不胜。"这说明，"城"的规模往往比"郭"要小。

除了"城"与"郭"之外，"都"和"邑"也与城市有关。"都"就是国都，《说文解字·邑部》说："都，有先君之旧宗庙曰都。"这说明都城一定建有祭祀祖先的宗庙，它代表了家族的传承。"邑"是小的分封诸侯国的国都，尤指古代无先君宗庙之城。《左传·庄公二十八年》提到："凡邑，有宗庙先君之主曰都，无曰邑。"孔颖达疏："小邑有宗庙，则虽小曰都，无乃为邑。为尊宗庙，故小邑与大都同名。"

"市"是交易买卖之所，《易·系辞》下："列廛于国，日中为市，致天下之民，聚天下之货，交易而退，各得其所。"上午开市做买卖，到中午就结束了。由于没有建筑，市不太容易在城市里留下痕迹。

总之，虽然"城市"一词早在西周文献中就已出现，但是"城"偏重行政职能，"市"强调商业职能，这两方面意义结合在一起才叫城市。

（四）城市研究的理论与方法

城市研究有多种方法，这里重点介绍历史地理学的城市研究。它主要考虑五个方面的内容：第一，城市兴起的原因和城市选址的地理条件；第二，城市职能的形成和城市内部的空间结构；第三，城市外貌的塑造和变化；第四，城市位置的迁移及其兴衰的规律；第五，区域城市的形成和演化。

从历史地理角度研究城市，能为城市政策的制定提供参考。例如，北京的学区房价格之所以居高不下，就与北京的城市历史有关。清代的王府集中在过去的西城区和东城区，朝阳区、海淀区以及原崇文区（今属东城区）、宣武区（今属西城区）没有一个王府，后来很多王府都被改建成学校，就造成了好学校的集中，也影响了北京的学区房市场。

城市作为地理现象有两大特征。首先是位置和分布的特征。这指的是区域内的城市分布和城市之间的相互关系。其次就是城市内部地域差异的特征，即一个城市的规模、形态和职能布局的呈现，城市内的不同区域承担着怎样的功能，这些配置如何满足人们的经济和文化需求。把握了城市作为地理现象的特征，有助于防止我们在城市建设中走弯路。

影响中国古代城市形制的因素主要有三个：第一，城市的选址条件。主要指由地形、水系组成的地貌生态环境。一般来说，地势高低会影响给水和排水，如果城市建在洼地就容易被淹，建在高处则会难以供水。第二，国家制度。在任何一个历史时期，城市的建设都必须符合当时的社会制度，都城有都城的规划，地方城市也有相应的等级，这样它们才能被纳入国家行政体系。第三，城市功能。这主要包括城市的行政管辖、军事控守、生产交换、交通运输、文化交流等方面，可以说，一个城市的功能决定了它的地位。

二、中外城市比较

中外城市的比较需要满足两方面的前提：第一，必须在限定的历史时期进行比较。因为我们比较的目的，不仅仅是要找出对象各自的特色，更重要的是要找出它们的共性，这样才能在全球视野下比较城市历史空间，从历史关照现实。如果比较的双方处于社会发展的不同阶段，都具有特殊的城市形态，那么越比，异质就越大。例如，汉代的长安与现代的纽约自然是无法比较的。第二，必须在限定的地理空间进行比较。如果随意举出建址地形条件差异巨大的城市来比较，意义是不大的。例如，开罗城的地理特征是尼罗河形成的冲积三角洲，如果我们拿它和山区城市西宁相比，这种比较就无法进行。

演绎法和归纳法是城市比较研究的两种方法。西方学者往往采用演绎法，也就是先有理论，再去寻找个案来支持理论。例如西方城市社会学鼻祖马克斯·韦伯，他用西方的城市发展模式来观察中国，认为中国没有城市。而我们更倾向于采用历史归纳法，也就是将被比较对象的特质分别予以介绍。鉴于其中有些元素能比较，有些不能比较，于是结论或从比较中得出，或暂时得不出结论，留待后人进一步研究。归纳法的特点是用事实说话，逐步溯源，推出结论。

以下就从各个历史时期出发，来进行中外城市形态的比较分析。

（一）早期城市起源的选址和形态

首先我们选择中国河南的二里头城址、四川的三星堆城址，与古埃及的底比斯古城、古希腊的雅典城、古亚述的科萨巴德城来进行城市起源阶段的比较。通过对比分析，我们能发现早期城市的两大特点：第一，文明社会的城市与氏族社会的聚落在布局上有根本区别，两者之间并无直接继承关系。例如，二里头遗址是距今三四千年的文明遗址，但是，它下面不一定有距今五千年到七千年的新石器时期氏族社会的遗址作为其产生的基础。第二，文明社会城市的核心建筑是大型夯筑的基址，这与氏族社会聚落的穴居或半穴居建筑有区别。长期以来，学界一直认为找到城墙就能找到早期城址，不过后来的考古研究发现，大型基址比城墙更具有标志性。

总之，早期城市以建造大规模的神殿、宫庙为中心，埃及的底比斯、中国的二里头、希腊的雅典，都建有宏大的神庙，这是早期城址起源的标志。这反映出当时人类还不能够驾驭自然力，所以需要崇拜神祇，并由此产生了祖先崇拜、生殖崇拜、守护神崇拜等现象。无论是中国还是域外，早期城市中用于王侯起居生活的宫殿建筑与专门用于祭享崇拜的神殿建筑总是结合在一起，这被称为"宫庙合一"，是早期城址起源最突出的一个特征。

那么，中国的城市起源于什么时候呢？目前的考古研究认为，中国城市起源于商周时期，以贵族住所、王室宗庙和礼仪中心这三类大型建筑构成其主体。早期城址一般选在黄土台地、岗丘或河流阶地等水陆交通便利的地带，例如偃师商城、郑州商城等。到了春秋战国时期，诸侯国都城一般采用王城和外郭的两重形制，其中王城占据地形高的位置。因此可以说起源时代的中西方城市是有共性的。

（二）公元前 3 世纪到公元 3 世纪：东方汉帝国与西方罗马帝国的比较

到了公元前 3 世纪至公元 3 世纪，欧亚大陆两端先后出现了两个强盛的帝国，一个是东方的汉帝国，一个是西方的罗马帝国。这两个帝国有很多相似之处，它们都是强盛的中央集权国家，疆域辽阔，对外武力征伐、集中财富，对内广建城池、完善交通道路体系。

比较西汉和罗马的军城，我们能发现其共性和特性。从内蒙古沿着河套地区一直到今天的河西走廊，都有汉代的军城遗迹。欧洲的罗马也建了大量军城。目前发现的西汉与罗马的军事城址都采用了方形的城墙轮廓，有相似的排列整齐的街道形态。罗马在哈德良长城边修筑的军城内都是营房，中间是长官的居所，河边设有浴室。而中国内蒙古宁城县的西汉黑城为方正结构，城墙设置了瓮城和马面，城里也同样以兵营为主，中间设有官员居住的点将台。由此可见，东西方在这一时期都创造出了军城，这不是互相模仿的结果，而是人类文明共性的体现。

当然，东西方军城也有各自的特性。例如，虽然东西方都有长城，但是东亚地处季风气候区，南方降水较多，北方是草原地带，因此形成了南北不同的生产方式。所以中原农耕政权为了抵御北方游牧民族的侵犯，历朝历代都会修筑长城。而欧洲为海洋性气候，因此在公元476年西罗马帝国灭亡后，欧洲就不再有草原和农耕区的明显分界，也就不再需要修筑长城。

西汉和罗马的都城也可以进行比较。罗马都城先是有了宫殿和神殿，之后才补修城墙。而西汉长安建城之初也没有考虑营建城墙，一直到汉惠帝时才修筑城墙围护宫殿区。因此，罗马都城和西汉长安城的城墙形态都不规则。具体到城市内部格局，宫殿、神庙、花园、竞技场、浴室、喷泉等设施构成了罗马的功能建筑群。这些公共空间在罗马人的生活中扮演了重要角色，也与罗马共和制的社会形态相适应。共和时期的城市广场是城市社会、政治和经济活动的中心，而中国同时期的城市中则没有发现公共浴室和公共广场。

相比起前代的"宫庙合一"，西汉王朝将宗庙移到了城外的渭北高原，即"陵旁立庙"，这影响了之后两千年中国城市和中国历史的发展。

（三）公元5世纪到10世纪："中世纪欧洲"和"封建制度走向发展的中国"（南北朝隋唐时期）的城市比较

公元5世纪到10世纪，中西方都经历了草原部族进入农耕地区的混乱时期，从分裂再度走向统一。西方的蛮族入侵毁灭了罗马文明，曾经辉煌百年的城市遭到废弃，这段历史被西方史学家称为"黑暗时代"。中国在经过"五胡乱华"之后，最终由隋朝完成统一，建立了一个律令制国家①。尽管中华文明也曾遭到摧残，但是其文化传承并未中断，而是在迂回、容受中缓慢地发展。这种相似的历史过程是中外城市形态得以进行对比的前提之一。

北魏孝文帝于公元 495 年迁都洛阳。为了表明推行汉化的政策，他有意识地遵照儒家崇奉的"营国制度"来重建洛阳城。营建之前，魏主曾派遣李道固、蒋少游出使南朝齐的都城建康，观察其宫殿营造法式。因此，人们认为北魏洛阳的宫室制度受到了南朝建康城的影响。而北魏洛阳城最重要的改变是废除了东汉以来的南北两宫制度，建立了单一的宫城。

这一时期的城市发展，出现了一个很重要的现象。鲜卑人的都城规划了里坊区，通过构筑坊墙对城市生活进行封闭式管理，开启了中国城市发展的一个阶段性形态特征。这种坊市制城市，内部被规划为一个个方形的坊，不允许开墙破洞，不允许临街开门，商业交易被集中在固定的市场。《南齐书》说鲜卑的城市"畦分棋布"，也就是像棋盘和田地一样被分成一个个方块。"闾巷皆中绳墨"，街巷规划得非常整齐。"坊有墉，墉有门"，坊里面修墙，墙上有门。"逋亡奸伪，无所容足"，那些逃亡的人，在城里找不到地方藏身，因为到处都是墙。"而朝廷官寺、民居市区不复相参"，官署、贵族、官员与普通民宅和市场不在一起。城市居住地划分里坊，本是中原旧制，以应对城市编户管理的需要。草原游牧民族迁入农耕地区后也开始采用这一制度，并且更为严格。这适应了当时社会结构转型的统治需要，但同时也违背了城市发展的自然规律。

唐长安城主要有以下几方面的特点：第一，它是三重城制：宫城、皇城、外郭。一般的城市都是两重城制，只有都城才有三重城。第二，中央官署集中在宫城前面，以方便大朝会时文武官员依次进入。第三，外郭城由109个坊组成，城中只有东市和西市两个市场，商业被约束在市坊内，买卖交易被集中控制。第四，城市中轴线很突出。根据考古研究发现，从长安的宫城里，通过承天门、朱雀门一直到最南边的明德门，呈现出一条城市中轴线，以它为界，东边归万年县，西边归长安县（今西安市长安区）。第五，外郭城内，官衙、民居、寺庙错落分布，王府、公主府、官员府邸占据了地势较高的区域。

唐代城市规划设计采用等级森严的封闭式坊市制度，这种城市建筑的指导思想和形态样式也影响到了周边地区的政权和国家。朝鲜和日本当时派了很多遣隋使、遣唐使、学问僧来到中国，他们学习的主要内容就是用于城市设计和管理的律令制度。唐朝境内东北地区的渤海国政权，它的都城上京龙泉府就是按照长安城的样式修建的。日本著名的历史文化名城奈良，也是中间有轴线，整体为棋盘格式的形态，与长安非常相近。

但是，这种封闭的管理方式违背了城市发展的自然规律。城市要发展，必须有商业、做买卖，而且买卖不能定时定点地做，还要有一定的自由度。所以在城市社会经济尚未繁荣到一定程度时，封闭的坊市制度是能行得通的办法。但是随着城市经济的进一步发展，坊墙的限制一定会被突破，而这也是对立统一的辩证法的体现。

（四）公元11世纪到13世纪：工业社会前的城市设计，东西方社会演化不同步时期的比较

公元11世纪到13世纪的东西方城市演化是可以比较的。这一时期，中国的宋代经历了城市变革，坊市制城市被相对自由的城市形态和开放的街巷所取代。开放式街巷形态一直保存到元、明、清王朝，将近 1000 年之久。而此时的西欧，交替出现的迁移民族经过频繁征战，也在入居地原已存在的罗马文化的影响下，迅速完成了自身社会形态的过渡。在遭受蹂躏的土地上，城市再次经历了起源与缓慢成长的过程。直至公元 11 世纪中叶以后，城市才在欧洲重新出现。这一时期东、西方社会演化的不同步，造成了东、西方城市在发展历程上的时间差与形态上的异质。

宋代发生了城市形态和城市结构的变化，坊市制被打破，宋太祖赵匡胤在乾德三年（965）四月十三日颁布诏令，宣布京城夜市自三更以来不得禁止。宵禁取消了，临街就可以做买卖，这样，封闭的市坊就变成了开放的市街，也就出现了《清明上河图》所描绘的夜市和桥市的繁荣景象。所以，到了元、明、清，中国的城市格局都成为开放的街巷式了，城市形制也从被坊约束的方形向不规则形制转化。

中世纪欧洲在经历了长达几百年的经济、文化相对低落期后，在公元 11 世纪时城市又重新兴起。虽然中世纪开始之际，欧洲大陆的城市很少，而且相距较远；但是当城市再次兴起时，几乎所有演化为城市的聚落都选择了原址，而不是异地另建。这些城市的形态根据其起源类型大致可分为以下三种模式：一是依托罗马帝国的军事要塞而发展出来的城市。罗马人的军城因其选址的优越和建造的强固，在被废弃以后，仍然保留着部分防御工程，能够吸引某些老居民回到原地，稍加修复便可重新使用。同时，也利于新移民在进入这些地区后，可以很快地将它们改建成新的防御基地。典型的例子是德国的雷根斯堡、英国的约克城、法国的巴黎。二是公元 9 世纪前后，出于军事防御需要而建造的城堡，逐渐取得商业功能而演变为城市。例如，荷兰莱顿城起源的核心位于新、老莱茵河交汇处的岗丘上。这一地区原本有一座城堡和一座教堂，后来此地慢慢发展出了定期的市场，于是人们就修筑城墙将这一区域围了起来，形成了城市。三是位于交通主干道边的村子通过提供商业服务，进而慢慢发展出商业功能，逐渐演化为城镇。这类由村落有机成长而来的城镇，其形态多为一条穿镇而过的大道构成主街，街两旁是密集的店铺房屋，没有多少建筑纵深，或者以短巷相隔。外围也不一定建有城墙。

（五）公元 14 世纪到 18 世纪：工业社会前后的城市设计

这一时期，欧洲经历了资本主义生产关系的产生，洲际远航使欧洲人来到了非洲和亚洲，为了维护新兴资产阶级的权益，文艺复兴思想产生并发展。这从两个方面影响了欧洲城市的建设与规划：一是城市不再以城堡、宫殿、教堂为中心，转而以大型世俗的公共建筑如市政厅、市场、行会、广场为主体。二是在城市外围修筑多边形的棱堡式城墙。欧洲棱堡防御城墙的出现，被认为是文艺复兴以后建造或扩建城市的标志，我们可以凭借棱堡来指认城市发展的时序。随着欧洲人向海外扩张，棱堡也被传到了东方。因此在印尼的雅加达、中国台湾的安平镇、日本的长崎等地，也都出现了欧洲人的棱堡。

与欧洲文艺复兴时期相对应的是中国的明朝。公元 15 世纪，中国明王朝的城市也经历了普遍性的重建，在城市规划与功能结构的设计上有意识地向古典礼制观念复归，讲究城市建设的方正格局和统一形制，这与欧洲文艺复兴运动在城市规划建设上的举措十分相像。为了强化皇权，明王朝的城市设计力求统一性，对城门数目、城市内部配置、住宅样式、城墙高度以及天际线等细节都有相应的要求。

总之，中西方城市形态在封建社会末期，同时出现了类似的现象，非常有趣，值得对比。

(六) 近现代中外城市比较

公元 20 世纪，人类的交通运输工具得到了革新，火车、轮船、飞机的出现，使得城市的新中心和传统的旧城镇逐渐脱离。地球上的城市开始走上同一的全球化发展模式。近代以来，工业化的城市设计模式日益普遍，铁路枢纽和开埠港口纷纷发展出新的城市形态和地域格局，这体现了中西现代城市发展过程中的共同性。

公元 19 世纪中叶以后，随着一系列不平等条约的签订，外国资本和西式建筑不断地侵入中国城市，开埠通商的城市呈现出经过规划的近代西洋式街区和传统中国城市老街区在形态和文化上的强烈反差。中国城市终于迈进了近代化门槛。由于近代工业对土地要求多、对城市公共设施要求高，所以地产商要委托测量师规划格子状的街区，通过缩小街区占地和增长道路，来获取临街出租面的最大利润——这种西方工业化城市设计模式也影响了中国。

铁路枢纽城市和沿海开埠港口城市，也逐渐出现了地域分化。在一些铁路枢纽城市，如沈阳和郑州，传统旧城和火车站之间形成了新的商埠区。就港口城市而言，随着沿海口岸的开放，也出现了原河港行政中心城市和新港口的脱离，例如天津城和塘沽港。而港区和老城之间的关系，在今后的城市发展中也是值得重视的。

三、中外城市比较的现实启示

研究历史是为了关照现实，中西方城市文明的比较研究，为我们揭示了中西方城市文明演进的历史轨迹，展现了中西方城市发展的特点与内在规律，这对当代中国的城市建设有重要的启示意义。这里我主要想谈以下几个方面：

（一）城市研究应关注城市地域结构

首先，随着现代社会的经济发展和对区域开发的需要，城市研究已经不能局限于对一个城市的单纯描述，而需要以一个或几个中心城市为核心、连带一组周边城市做区域城市的综合性研究。要思考和阐明这一区域城市历史格局的形成原因和演化过程。例如长三角、珠三角、环渤海、大西安等城市群，我们需要对它们进行综合性研究。在研究中要注意分析一个区域的中心城市，重点探究这一城市如何选址，它的形成和发展受到了哪些自然条件与社会因素的影响。

另外，城市研究需要注意两个层面。一是社会经济层面。城市是区域内聚合人口、生产、交换职能的经济中心。城市发展带动整个区域内的经济发展，是现代化建设的引擎。二是国家政治层面。历史上各个王朝的城市行政体系，无论是从中原到边疆，还是从内陆到沿海，都标志着国家行政体制的运作。所以，地方城市是国家对陆地边疆、海疆管辖权和意志力的执行者，我们要强化这一认识。从这个角度出发，我们就能认识到南海三沙建市的重要意义，这意味着它被纳入了国家行政体系，也标志着国家对这一区域的有效控制和管辖。

（二）城市形态研究的意义

城市结构形态是长期变化的结果，它把历史的层理传递给了城市景观。我们要研究如何用跨学科的方法，比较中国城市和外国城市的普遍性和特殊性。通过中外城市之间的比较，找出同一时期人类城市文明的共通性和共同性，并从中得出历史的经验与教训。这样我们才能够把握人类城市发展到特定时代所共同具有的文明特征。

在中国历史上，每当游牧民族迁入城市、转为定居的时候，都会经历平均分配"宅基地"、纳入户籍管理的过程。鲜卑人用封闭的坊市制框定了中国城市规整的形制，并由此订立了严格的管理制度，这对于当今城市秩序的整治有一定借鉴意义。北京的胡同就是蒙古人平均分配元大都的"宅基地"的产物。1267年，元世祖忽必烈下诏宣布，所有人都以八亩为一分做"宅基地"，不许冒据。即使是"贵高或有官职者"，也不能以权势扩展土地。由于只有相同规制的四合院才能适应平均分配"宅基地"的需求，便形成了北京城整齐的街巷胡同和四合院建筑风格——这些城市规划和管理的经验也值得当今的城市管理者参考和借鉴。

当今的城市建设既要符合市场经济规律，也要贯彻行之有效的管理方式，还要保护传统文化风貌，构建城市和谐社会，历史的经验值得我们深思。

（三）城市规划中应该协调好规划发展和保护的关系

欧洲进入工业社会之后，工业文明像"推平头"一样对城市进行推倒重建，这对传统历史文物的破坏是巨大的。1933年，国际现代建筑协会通过了第一个获国际公认的城市规划纲领性文件《雅典宪章》，其中有一节专门论述"有历史价值的建筑和地区"，提出了保护的意义与基本原则，指出了保护好代表一个历史时期的历史遗存在教育后代方面的重要意义。这表明文物建筑的保护运动已成为一股很重要的国际力量。《雅典宪章》强调古建筑保护的原则主要包括三个方面：第一，保护能代表历史时期的、可以引起普遍兴趣并教育人民的建筑物；第二，保留历史建筑的前提是不致妨害居民健康；第三，在不影响交通、不妨碍城市发展的前提下，所有干路避免穿行古建筑区。同时，有计划地清除古建筑附近的贫民窟。

但是，《雅典宪章》所提出的只是初步的保护方案，随着第二次世界大战以后欧洲城市重建的浪潮，城市保护与发展之间的矛盾越来越突出，这也对城市文化遗产的保护提出了更高的要求。在这种背景下，1964 年在威尼斯召开的第二届历史古建筑师和技师国际会议上，联合国教科文组织通过了《古迹保护与修复宪章》，也就是《威尼斯宪章》。这份文件将保护对象从个体的文物建筑扩大到了历史地段，对文物建筑所在历史地段的保护也向街区逐步拓展。《威尼斯宪章》强调要保护全部的历史信息，保存各个时代的叠加物。修复文物建筑时，添加的部分既要和原来的部分保持整体的和谐一致，又要能够明显地区别开，同时禁止任何重建行为。作为关于保护文物建筑的第一个国际宪章，《威尼斯宪章》的发布意味着针对古迹保护已经形成了世界性共识，这是国际历史文化遗产保护发展中的重要里程碑。始于 18 世纪末的文物建筑的保护与修复工作，至 19 世纪中叶起开始了它的科学化历程，历经一百多年的发展与演变，其基本概念、理论与原则最终通过《威尼斯宪章》以国际性准则的形式确定下来，这份文件的指导意义一直延续至今。

现代化虽然能够带动城市产业的勃兴与城市居民生活条件的改善，但往往也进行着建设性的破坏。随着大批传统旧建筑被拆毁，中国城市的传统格局被打破，城市丧失了历史人文景观，这些教训值得我们反思。我在 2001 年写过一篇文章，里面提到北京城市发展建设主要有五个误区：第一，打通中轴线以改善北京城市的南北交通，北京的中轴线是一个传统文化的轴线，有重要的历史文化意义，不应该被打破；第二，破坏历史形成的北京城街道格局，强行开辟穿城快速交通线；第三，无限制地拓宽街道，修建仿古建筑；第四，过多开辟宽阔的封闭式街道；第五，城市快速通道与商业街并举。当然，政府现在已经意识到了这些问题，也出台了一系列相关举措。不过，点明这些误区，对于其他城市的发展建设可能仍有借鉴意义。

不同时代的城市设计代表了不同的社会制度与文化，在全球化和城市现代化的发展进程中，人类在满足物质需求的同时，应当有意识地保护好能够代表各地区、各民族文化的传统建筑，使得年轻的一代永远不会遗忘自己的"根"与民族文化底蕴。我们在城市建设中应注意协调好保护和发展的关系，通过保护传统建筑来留住记忆、守望文明，而这无疑也是对我们民族历史的一种自信。

注释：

①　律令制，又称律令体制，是东亚地区古代中央集权进行统治的法典制度。这一制度源于中国唐朝，后来传至日本、朝鲜半岛、越南、琉球等儒家文化圈地区。实行律令制的国家又称律令国家。

国学、传统文化与当代教育

刘梦溪

刘梦溪，山东黄县（今山东龙口市）人，1941 年生于辽宁。现为中国艺术研究院终身研究员，中国文化研究所所长，中国艺术研究院学术委员会暨学位委员会主任，中国文化史和学术思想史方向博士生导师，中央文史研究馆馆员，《中国文化》杂志创办人兼主编。曾为美国哈佛大学高级访问学者，南京师范大学专聘教授、北京大学比较文学和比较文化研究所兼职教授。

刘梦溪先生长期致力于思想文化史、明清文学思潮和近现代学术思想的研究，亦关注文化价值的重构和当代文化建设，主要著作有《学术与传统》（上、中、下卷）、《马一浮与国学》、《当代中国之传统与现代的变奏》、《陈寅恪的学说》等。

近十余年，传统文化有一点儿热，国学有一点儿热，前后持续的这段时间，有一些问题呈现出来，需要我们在学习的过程中，把它们加以澄清。现在不论一般的民众也好，媒体也好，甚至在专业研究的领域里边，大家对到底什么是国学，什么是传统文化，有很多混淆，特别是怎样跟教育结合起来，这其实是很大的问题。所以我今天讲的这个题目"国学、传统文化与当代教育"，主要想把这两个问题的来龙去脉做一点分梳，主要有三部分的内容：一是关于传统文化，二是关于国学，三是探讨一下传统文化、国学跟教育怎么结合。

一、关于传统文化

（一）何谓传统文化

传统文化是一个总括性的、跟现代相比较产生的一个概念。严格地讲也不太准确，只是我们没有一个更好的概念，所以在描述我们以前的整个历史文化时，就用了"传统文化"这个概念。但是从历史的走向来讲，中国社会从传统走向现代，是一个很长的历史过程。曾经作为社会发展阶段理论模式的"五种生产方式论"，学术界现在不再使用了。我觉得我们既然不用五阶段的发展模式的话，那么每一个历史阶段，还应该有更准确的标称。经研究，我认为从殷、周到春秋前这段时间，大体上应该是王制社会；春秋以后，进入战国，然后公元前221年秦始皇统一中国，一直到1911年清朝最后一个皇帝退位，这段历史，应该叫帝制社会。帝制社会就是有皇帝的社会。1911年后没有皇帝了，按照逻辑发展应该是民制社会，孙中山就有此主张。王制社会—帝制社会—民制社会，我认为至少在专业研究来讲，这样的划分是比较清晰的。可是，在一时找不到社会形态划分的准确概念标识的情况下，先以传统和现代做一个二分，也是有道理的。尽管认真说来，对社会形态做这样的大分隔，在学理上会有很多遗漏，不是学术研究的最可取的方法。

总之，传统社会就是跟今天的现代社会相区分的过去的社会。因此可以了解，所说的传统文化就是传统社会的文化。

（二）传统文化和文化传统

1. 传统文化

每个国家，即使只有200年的历史，也有自己的传统。中国是一个文明古国，传统文化的遗存，包括地上、地下的文物与建筑的遗存，文本典籍的遗存，以及主要存活在民间的非物质文化遗产部分，其历史之悠久、数量之庞大、形态之丰富，如同恒河沙数，简直多到无法计数。仅就文本典籍的存留而言，这是传统文化中非常突显的部分，置诸世界各国的文化宝库当中，也是仅见的。按传统的典籍分类，经、史、子、集四部类，每一部类的书籍都多到不知凡几，汗牛充栋不足以形容。史部有官修的正史有"二十四史"，加上《清史稿》是"二十五史"，另外，每一朝代都有历史的纪事本末、皇帝的"起居注"，还有大量的野史笔记。史部之学的典籍，其数量之丰富，可以说难以想象。

经部的量相对少一点；子部的书也少一点；但是集部的书，由于传统社会官员、士绅、文人、艺术家，以至普通人，都可以刻印自己的集子，因此各种文集的存留，特别是明清以后，数量惊人。有一些仅仅是为了自存，只刻印少许，并没有流行于社会。没有人能说清楚中国有多少文集，加起来集部的总量，和史部好有一比。总之中国的文本典籍之多，在世界各文明体中是仅见的。那么我们可以看到，所谓传统文化就是传统社会的文化，它们的特点是有形的，是我们至今还能够看得见、摸得到的我们祖先的那一部分智慧的结晶。

2. 文化传统

文化传统和传统文化不是同一个概念。文化传统是指传统文化背后的那个精神连接的链条，它是无形的、看不见的、静悄悄地充溢流淌在中华民族从古到今的文化生命的血液之中。经过学者的研究辨析，用学术理念加以透视概括，可以发现其中包含着传统文化得以构成和传衍的规则、理念、价值、习惯和信仰，特别是信仰的因素，是传统得以凝聚而成的不尽的源泉。

文化传统有大传统和小传统的分别，大传统指占据社会主流地位的思想形态，如汉代中期以后的儒家思想。小传统则指民间文化、民间艺术、民间礼俗和民间信仰。中国社会的特点，是以家族为本位，家庭是社会网络的基础连接点，因此民间社会非常发达。由此便形成了地域广袤、根脉深厚的文化的小传统。小传统跟地域、族群、生活、习俗直接相关，因此它的变异性也格外缓慢。大家可以了解，民间的习俗、族群的生活方式，自然是不容易一下子改变的。非物质文化遗产涉及的对象主要是文化的小传统这一部分。大传统和小传统彼此互相影响，大传统经过小传统的途径可以扩大其影响和增加辐射力，小传统经过大传统的导引会提升自己的精神境界。

（三）儒家思想的包容性

中国传统社会不是儒家一家的天下，儒释道三家构成了中国传统文化的主干，它们之间构成的文化合力，成为传统社会精神网络恒久不懈的支撑力量。如果说儒家思想作为传统社会的大传统，是在朝的思想形态，那么道家的思想和作为宗教的道教，以及佛教，则是在野的思想形态。

儒家思想起源于先秦时期，以孔子为代表。孔子是大教育家，有着自己的整套的思想体系，他主张忠恕，倡导仁爱，希望建立起有秩序的礼制社会；教育思想则为"有教无类"，希望每一个人都有受教育的权利，通过教育养成君子的人格。在春秋时期，孔子的这些思想是行不通的。到战国时期，孔子的思想经过其弟子和新兴的思想家阐释后，主要是经过孟子和荀子的阐释，得到了发扬。不过这一时期儒家思想也遇到很大的挑战。史上记载，当时墨家的势力非常之大，不仅有思想，还有团队行动。孟子曾说：思想不归儒就归墨。因为感到危机，所以孟子以维护儒家思想的传承为己任，语言特别富于论战性。这里举一个例证，譬如齐王向孟子请教：我们齐国应该怎样跟其他国家相处？由于齐国周围都是小国，孟子就说：齐国跟其他国家相处，关键在于怎样做到以大事小，因此"仁"很重要。齐王听后，并不直接对仁表示异议，而是说，他个人喜欢"勇"。孟子立即反驳道：勇有大勇和小勇，人家稍不满意，就拔剑怒目而视，这是小勇，是小人之勇；大勇应该像文王那样，"一怒而安天下之民"，这叫大勇。孟子面对问题毫不相让，态度激切，他自己说这是不得已的缘故。孟子和孔子的孙子子思一系的儒学，被称为思孟学派，对儒家的心性学说有深入的进一步的阐释和发挥。

儒家思想作为传统社会的文化大传统，处于经常被检讨的过程之中，其变化比小传统要快。儒家思想到魏晋南北朝，面对佛道两家，不得已需要调整自己。而到宋代，则出现了前所未有的变化，这就是以朱熹为代表的理学的出现。理学既继承了先秦儒家的思想，又吸收了佛教特别是禅宗的思想，也吸收了道教和道家的思想，是三教汇流的产物。这是中国文化史上大传统变化的一大奇观。

儒家思想为什么会有如此的变化？主要在于儒家思想是富有包容性的学说。这里我们需要关注一个问题：儒家思想跟其他思想的关系。汉武帝"独尊儒术"，但到东汉时，佛教开始传入、道教开始兴起，出现了儒释道三教并立互补的局面。魏晋南北朝时期，三教的互动更是达到高潮。这一时期是一个思想大变局的时代，大量思想家涌现，很难讲哪家思想是占主流位置的。如果说儒家思想继续占主流位置，不符合历史事实，反倒是道家思想、道教思想、佛教思想非常活跃。我们研究思想史很关注一个问题：为什么佛教这样一种外来思想进入中国，却没有遭到强烈的思想抵抗？

对佛教的思想抵抗，最明显的是南北朝时期南朝的一位思想家范缜，他写过一篇有名的文章叫《神灭论》，是尖锐批评佛教的。但是大史学家陈寅恪先生经过考证发现，原来范缜的曾祖父、祖父、父亲及其本人，都是天师道的信徒，而天师道是道教的一个分支，所以我们可以理解，范缜是站在道教的立场去批评佛教的。而儒家对外来的佛教采取的是相当宽容的态度，这说明儒家思想是具有极大包容性的学说。至于儒家思想为什么有包容性，对这一问题的回答有着不同的说法。

我的看法是：主要由于儒家不是宗教。这个观点大史学家陈寅恪讲过，他明确说，虽然儒释道三教并称，但儒家不是宗教。当然儒家也以"儒教"相称，但此教非彼教，儒教的"教"是教育的"教"，就是《论语》讲的"子以四教"（言行忠信）的教、"有教无类"的教，以及"富而后教"的教等。总之《论语》所讲的教，无一例外都是指教育的"教"。正由于儒家不是宗教，所以它对各种思想有着很大的包容性，其实这也就是中国文化的包容性。《礼记·中庸》提出，治理国家有需要遵行的"九经"，其中的一"经"即为"柔远人"，施行此一政策，能够收获"四方归之"的效果。东汉的佛法东传和明代的耶教来华，同为中华文化这一品格的见证；而汉唐两世的繁荣昌盛，则为中华文化这一精神品格提供了历史范例。所以王国维的《咏史》遥忆唐代的开放繁荣，写下这样两句诗："远人尽有如归乐，知是唐家全盛时。"所以要讲中国文化的特征，一是连续性，二是多元性，三是包容性。特别是包容性，可以看作是中国文化首要的特征。

正因为如此，中国历史上出现了一个极为特殊的现象，就是我们有宗教，但没有宗教战争。这在西方历史上，特别是中东的历史上，是没有的，这也是中华文化值得我们自豪的地方。换言之，中华文化是善于吸收外来思想而不排外的文化。中国人的文化性格也一向不排外。哪怕是一些比较偏远的地区，看到外国人的不同穿戴，哪怕是奇装异服，很可能会围观，却绝不嘲笑。中国民众对外来之客总是抱持尊重之意，这是中华文化的一个了不起的特征。儒释道三家思想在这样的大环境下，不仅不"打仗"，反而在唐宋之后慢慢形成了"三教合一"的历史奇观。

（四）文化传统的断裂与接续

文化传统不是凝固的沉淀物，而是松散的相对稳定的结构。承载着历史的惰性力而又不随顺时俗俯仰，是它天然生就的品格。但当异质文化之水悄然进入这条河流的时候，日积月累的结果，经过相遇相熟到彼此吸收溶解的过程，固有的传统会因之增加或减少，直至发生变异。此时，传统更新的历史时刻就来到了。但更新不是废弃自我主体，而是在旧传统中增加了新养分和新资源。文化传统是一个民族文化的流淌着的河流，一般来说，是不会中断的，但在历史的特定时期，如果社会的精英人物一起站出来反传统，由于影响力大，并且形成社会的潮流，传统会因之发生断层。但时过境迁，人们又会自我反思，由反传统转变为自觉地接续传统。譬如五四时期，大量第一流的人物站出来反传统，致使那一时期大大减弱了传统的影响力，甚至出现了文化传统的断层。

但不要误会，以为五四精英的反传统，是彻底不要中国的传统文化。当时的背景是，西潮过来以后，怎样互相适应、互相交错，站在最前面的知识分子会对自己的文化有一个反思。当时反传统最激烈的一些人物，他们传统文化的根底都极其深厚，譬如胡适、鲁迅等。胡适不仅传统文化根底深厚，在传统文化的研究和整理方面也做了很多贡献，他曾提出"整理国故"的口号。鲁迅反传统，甚至都不赞成国学这个概念，但是他深厚的传统文化根底，大家一定了解。鲁迅写过《中国小说史略》《汉文学史纲要》，还整理过《嵇康集》。另外，在当时的潮流之下，鲁迅虽然提倡白话文，但是从他的杂文中不难看出其文言文的深厚功底。而鲁迅早期的一些文章，文体都是文言文，即使后来用白话文，很多文言也在他的文章中成为"活的语言"，鲁迅对保持文言的生命力有大贡献。

传统是通过各个历史时期创造出来的文化典范来承载和传承的。文本经典和典范性的文化遗存，里面集中藏有传统文化和文化传统的密码，文本经典的诵习和文物遗存的熏陶，不失为现代人接受和连接传统的有效方式。和传统的因子连接紧密的大文化人，包括大艺术家、大文学家、大哲学家、大学者，他们所具有的德范与风义，和他们才华卓具的独创性的艺文杰作，能够起到为青年人提供精神模楷的作用。但并不是所有的艺文人物和他们的创造物，都能达至这一境界，那些没有传统文化的根基，只靠猎奇和追求时尚的作者不足语此。

二、关于国学

（一）研究国学首先要区分清楚几组概念

到底什么是国学？现在讲的人多，能够说清楚的人不一定很多。我近年所以特别关注国学问题，一个原因是由于我看到了对国学概念的诸多混淆，意识到我们做研究的人有责任澄清概念，需要把历史和学理讲清楚。从 2006 年开始，我写过多篇文章，对国学的概念的渊源和流变做了大量的梳理。我认为，讲国学必须首先区分清楚几个概念，最主要是做好两个区分。

第一，国学和传统文化是两个不同的范畴，不应该加以混淆。有人认为传统文化就是国学，或者说优秀传统文化就是国学，这些看法是绝对不能成立的。传统文化如前面所说，是一个涵蕴多重的极为宽博的范畴，所以章太炎称之为"国故"，胡适解释为是所有过去的历史文化。而国学所涉及的，则是对传统文化进行深入的学术研究。简言之，传统文化是文化形态，国学是学问形态。中国传统文化是国学这门学问的研究对象，不能把学问对象和学问本身混为一谈。

第二，要区分清楚历史上的"国学"和现代的国学。历史上的"国学"，指的是国立学校。中国历史上很早就有"国学"这个语词，比如在《周礼》里面，就有"乐师掌国学之政，以教国子小舞"（《周礼·春官·宗伯》）的记载。"国学"在这里很明显指代的是国立学校的意思，在学校里乐师教学生一种舞蹈。

不仅《周礼》对国学的记载指的是学校，在其后的历史过程中，今天所能看到的各种典籍，如《汉书》、《晋书》、新旧两《唐书》、《宋史》、《明史》等，无一例外，所有历史上关于国学的记载，都是指国立学校。譬如作为宋代"四大书院"之一的"白鹿洞书院"，在唐代的时候叫"白鹿洞国学"，自然指的是学校，可以在那里念书教书。后来到明清时期，国学跟国子监结合在一起，国学设在国子监，能在国学学习的生员，出来后可以得到职衔，并获得一定官位。而从各州府县的学校毕业者，却无此待遇。例证不再多讲，总之可以肯定的是，凡历史上所有关于国学的概念，都是国立学校的意思。

（二）现代国学发生于何时

今天探讨的国学，实际上讲的是现代国学。现代国学的概念，是跟西学相比较的一个概念。现代国学发生于何时？据我个人接触到的资料，至少在 1902 年，梁启超和黄遵宪的通信中就已经在使用"国学"这个概念了。要注意这个时间点，1902 年。再往前上推四年，就是 1898 年的戊戌变法和紧接着的戊戌政变。在变革的高潮中，戊戌年即 1898 年的八月初六，慈禧发动政变，囚禁光绪皇帝，杀谭嗣同等六君子，把一批改革者革职永不叙用，通缉康有为和梁启超。但接着就是义和团运动，八国联军攻入北京，慈禧西逃，不得已签订《辛丑条约》，割地赔款，国家损失惨重。可以说是慈禧太后倒行逆施一手惹的祸。

当时流散在国内外的改革者们依然进行着变革社会的活动。1902 年，时在日本的梁启超与黄遵宪的通信中，提出可以创办一份报纸《国学报》，用来激励民众。黄遵宪回复说，他认为做这件事还不是时候。黄遵宪由于参与陈宝箴领导的湖南新政，受革职的处分，闲居在广东老家，他们有通信的自由。《国学报》的创办是不是时候，我们姑且不论，至少在 1902 年，我们看到了当时思想界的两位翘楚开始使用"国学"这个概念了。他们探讨的国学，显然不是学校的意思，而是指关于一种学问的报刊。这是迄今我们看到的最早的一次使用国学这个概念。

湖广总督张之洞，当戊戌变法那一年，在百日维新高潮之际，他出版了一本著作叫《劝学篇》，该书外篇的第三节为"设学"，在谈到学校课程设置的时候，张之洞提出，宜"新旧兼学"，"旧学为体，新学为用，不使偏废"。可是大家都知道，在中国近现代思想史上，这个关键词不叫"旧学为体，新学为用"，而是"中学为体，西学为用"，这是在传播过程中出现的转换和转译。

转换者不是别人，而是梁启超，他在 1921 年出版的《清代学术概论》一书里，说张之洞当时提出的"中学为体，西学为用"，得到很多人的推许，一时"举国以为至言"。梁启超转述张之洞思想的时候，使语词发生了变化，将"旧学为体，新学为用"转述为"中学为体，西学为用"。大家知道，梁启超在清末民初的思想界有极大的影响力，经他一转述，大家便习焉不察地以为，张之洞本来讲的就是"中学为体，西学为用"。

我讲这段掌故是想说明：张之洞在《劝学篇》里讲的"旧

学"，以及梁启超转述时讲的"中学"，跟 1902 年黄遵宪和梁启超通信中讲的"国学"，其概念的义涵大体是相同的。另外，梁启超的《中国学术思想变迁之大势》，第一至六章写于 1902 年，第七章阙如，第八章写于 1904 年。他在第八章的结尾处的一段，也明确使用了国学的概念。他说："近顷悲观者流，见新学小生之吐弃国学，惧国学之从此而消灭。吾不此之惧也。但使外学之输入者果昌，则其间接之影响，必使吾国学别添活气，吾敢断言也。但今日欲使外学之真精神普及于祖国，则当转输之任者，必邃于国学，然后能收其效。"梁启超这段文字，行文中明确把国学与"新学""外学"相对应来使用。此后，1905 年上海出版《国粹学报》，国学使用的频率开始增多；1906 年章太炎在日本东京讲国学，鲁迅、钱玄同等后来的学界名流都前往听讲；1922年北京大学成立国学门；1925 年清华大学成立国学院，国学逐渐成为学术界流行的语词。

（三）现代国学的概念界定学理分梳

需要说明，当时国学的概念虽然大家都在使用，但直到 1923 年之前，学术界尽管使用，却没有人对这个概念做过分梳。1923年北大国学门要出版《国学季刊》，请胡适写发刊词，胡适写到："自从章太炎著了一本《国故论衡》之后，这'国故'的名词，于是成立。"又说："'国学'在我们心眼里，只是'国故学'的缩写。中国的一切过去的文化历史，都是我们的'国故'；研究这一切过去的历史文化的学问，就是'国故学'，省称为'国学'。"（见《国学季刊》"发刊宣言"）在胡适看来，"国学"就是"国故学"的简称，而"国故"一词来源于章太炎 1910 年出版的《国故论衡》一书。国故就是中国的历史文化，研究中国历史文化的学问就是国故学，简称就是"国学"。这是胡适给"国学"下的第一个定义。

　　但胡适的国学定义，并没有被学术界采纳，甚至连"国故"一词，后来也遗落到一旁无人问津了。学术界普遍接受的是约定俗成的另一个定义，即国学是中国的固有学术。固有学术包括先秦的诸子百家之学、两汉的经学、魏晋的玄学、南北朝至隋唐的佛学、宋代的理学、明代的心学、清代中期的朴学（以考据为中心的学问）等。这样一来，国学便跟不同历史时期的学术等同起来了。显然经过如此定义国学，只是一部分专业人士致力的领域，跟一般民众没有关系，甚至跟此专业领域以外的其他专业人士，也没有多大关系。而且传统学术在不同历史时期呈现出不同的形态，如果认为国学是固有学术，那么是指哪个历史时间段的学术？传统学术就其主脉来说，既有儒家的学术，也有道家和道教的学术，还有佛学的学术。那么是指哪一家的学术？

　　以固有学术等同于国学，内涵和外延未免太过于宽泛了。而当一个概念的内涵过于宽泛时，概念本身的既定内涵就会流失。

　　1938 年 5 月，20 世纪的一位第一流的大儒马一浮先生，在浙江大学举办国学讲座的时候，他给国学下了一个不同于以往的全新的定义。他说：

> 今先楷定国学名义。举此一名，该摄诸学，唯六艺足以当之。六艺者，即是《诗》《书》《礼》《乐》《易》《春秋》也。此是孔子之教，吾国二千余年来普遍承认一切学术之原皆出于此，其余都是六艺之支流。故六艺可以该摄诸学，诸学不能该摄六艺。今楷定国学者，即是六艺之学，用此代表一切固有学术，广大精微，无所不备。（《泰和会语》）

这是马一浮对国学的重新定义。

　　六艺就是"六经"。指《易》《诗》《书》《礼》《乐》《春秋》六种文本经典。《乐》这一经没有文本传下来，是为"五经"。但也有一种说法，认为《乐》本来就没有文本，它是跟

《礼》结合在一起的，所以"礼乐"并称。尽管后来看到的是"五经"，可是学者们习惯上仍然称为"六经"，直到清代还是如此。"经"是晚些时候的说法，开始的名称叫"六艺"。

孔子教学生，就是以"六艺"作为教材。但当时有两种"六艺"，《易》《诗》《书》《礼》《乐》《春秋》是文本经典的"六艺"，另一种是"礼、乐、射、御、书、数"，我称之为实践课。这里的"书"，指汉字构成的方式，包括象形、指事、会意、形声、转注、假借，后称为"六书"，是为识字课。"数"是计算，"射"是射箭，"御"是驾车。

文本经典的"六艺"又称"六经"，孔子之前就有了。《周易》，相传是伏羲画卦，文王演《易》，孔子作《传》。所以《论语》里记载孔子的话，说"五十以学《易》，可以无大过矣"。《诗经》是周代的诗歌，最早有3000多篇，经过孔子的删订，存留305篇，所以《诗经》也称"诗三百"。《书》是《尚书》，是虞、夏、商、周在上古的文告、文献汇编。《礼》有三礼，包括《周礼》《仪礼》和《礼记》。作为"六经"的《礼》，一般指《礼记》。《春秋》是鲁国的一个大事纪，应该是孔子所作。如果不是孔子的原创，也是孔子在原有的一个大事纪基础上加工润色而成。因为记事简，措辞晦，寓意深，由此形成史家称道的所谓"春秋笔法"。

"六经"都经过孔子删订，是中国现存的最原初的文本经典，是古人智慧的结晶，也是**现代人做人和立国的基本精神依据**。马一浮称"六经"为中国文化的最高的特殊的形态。大哲学家熊十力则说，"六经"是现代人做人和立国的基本精神依据。这些大判断，时至今日也没有过时，反而愈见其见解独到。我们华夏民族，如无"六艺"为精神依据，便人不知何以为人，国亦不知何以为国。葛洪说过："五经为道德之渊海"，既是"治世存正之所由"，又是"立身举动之准绳"，"其用远而业贵，其事大而辞美，有国有家不易之制。"要之，六经不仅是中国学问的源头，也是中国人德范德传的渊薮，是中国人立身修德之基，同时也是中华立国的精神支撑。

"六经"里面有两个系统：一个是学问系统，一个是价值系统。学问系统比较烦难，但"六经"的价值系统是面对所有的人的。中国文化的基本价值、核心价值，可以说都在"六经"。特别是诞生最早的《易经》，固然是占卜之书，但它同时更是中国文化论理价值的渊薮。

近年我从以《易经》为代表的"六经"里面，也包括后来作为十三经组成部分的《论语》《孟子》《孝经》里面，梳理抽绎出六组价值理念：**仁爱、诚信、爱敬、忠恕、知耻、和同**。

"仁爱"是中国文化里面非常核心的观念。孔子认为"仁"的主要内涵是"爱人"（《论语·颜渊》）。孟子也明确说："仁者爱人。"（《孟子·离娄下》）而且中国文化里的爱，是一种博爱。按孔子的说法，是"泛爱众而亲仁"。"仁"是集亲、爱、宽、博诸义于一体的概念综合。不仅如此，仁爱之爱，还会及于万物。故孟子说："亲亲而仁民，仁民而爱物。"（《孟子·尽心上》）

"诚信"是中国文化里面非常重要的价值理念。这个概念最早来源于《易经》。《周易·乾·文言》里有这么一段话："忠信，所以进德也；修辞立其诚，所以居业也。"孔子讲，"民无信不立"，"人而无信，不知其可也"。孟子说，"朋友有信"。老子也讲，"信言不美，美言不信"。所以中华文化的原初经典把"信"放在非常高的位置。诚和信是连在一起的，内里面有诚，外面才有信。无诚，便不可能有信。而讲诚讲得最多的是《中庸》，其中说，"诚"是"天之道"，是"物之始终，不诚无物"。

而想要"诚",则是"人之道"。

"爱敬" 的概念源自《孝经》。魏晋南北朝时期,刘劭在《人物志》里讲,爱敬是道德的终极。"爱敬"这个概念,是从家庭亲人的关系里推演出来的,父子、夫妇在家庭里边都得有爱还有敬。尤其夫妻关系,光有爱是不能持久的,只有爱中有敬,双方才能建立一种永久的、牢固的关系。"敬"也可以单独立义阐释。敬的本义是指人的自性的庄严,即自尊、自重、志不可夺。孔子说的"三军可以夺帅也,匹夫不可以夺志也"的"志",就是"敬",就是不可易、不可被夺的人的自我精神的庄严。我认为"敬"是一个终极价值,已经进入了中华文化的信仰之维。

"忠恕" 的"忠",首先指的是忠于自己,研究者称为"推己",所以这个字上面一个"中",下面是心,应该有将心放正的意思。"恕"则是"及人"。孔子的解释,"恕"是"己所不欲,勿施于人"。也就是将心比心、换位思考,自己不喜欢、不希望的事情不强加于人。我觉得它体现了中国文化的异量之美。"己所不欲,勿施于人"现已成为世界公认的道德金律。

"知耻" 是《礼记·中庸》里的话,原文是"好学近乎知,力行近乎仁,知耻近乎勇",并说知道这三者,就知道什么是"修身"了。耻感是做人的不可或缺的从心理到生理的一种感受。所以做错了事,说了不合适的话,有了失礼行为,会感到不好意思。孟子讲的"四端"中的"羞恶之心",就是"知耻"。按孟子的说法,如果没有"羞恶之心",人就是非人了。同样,其他三"端":恻隐之心、是非之心、辞让之心,缺了哪一"端",在孟子看来,也都不具备人的资格。所以我提出,"修身"应该从"知耻"开始。

"和同" 指"与人和同"。世界上,人与人之间的差异,并不像人们想象的那样大。所以不同的人，可以互相交流沟通；不同的文化，可以对话互阐，可以跨文化沟通对话。《易·系辞》的两句话："天下同归而殊途，一致而百虑。"把"与人和同"的思想概括无遗。《易·同人》一卦，则是"与人和同"思想的全方位演绎。

六经里面这些中国文化的基本价值，是传统文化中的具有永恒意义的精神价值，永远不会过时，既适合于中国人，也适合于全世界所有的人，它们是永恒的价值，也是人类的共同价值。

我多年研习中国文化，逐渐悟到：中华文化能够贡献给世界的，我认为是人之为人的、群之为群的、家之为家的、国之为国的**一整套精神价值论理**。这些价值理念的精神旨归，是**使人成为健全的人，使群体成为和谐的群体，使家成为有亲有爱有敬的和睦的家，使国家成为讲信修睦、怀柔远人的礼义文明之邦**。

《周易·乾·文言》的两句话："**君子进德修业，忠信所以进德也；修辞立其诚，所以居业也。**"试想，人生在世，何欲何求？无非是让自己修为得更好些，并希望事业有成，使成就感给自己带来快乐与荣誉。那么"进德修业"四个字可以说将人生志业的全部要义概括无遗。

而"进德"靠的是"忠信"，事业有成靠的是"立诚"。与人相处，则靠的是"和同"，即"君子和而不同"，即使不同，也可以共处于一个统一体中。所以我认为，一个是"己所不欲，勿施于人"，一个是"和而不同"，是中国文化的大智慧，事实上给出了人类麻烦的解决之道。

三、国学、传统文化怎样进入当代教育

弄清楚了国学和传统文化的基本内涵，认识了它们的质性，

国学、传统文化怎样进入当代教育，就比较容易解决了。

传统文化进入当代教育，一是精选诗词古文编入课本，作为教材；二是地上地下文物遗存的观览和熏陶；三是非物质文化遗产的观摩和传承人的示范，这是传统文化的活教材；四是中小学都应该开设修身课。

国学进入当代教育，主要是阅读以"六经"为代表的国学宝典，这就是我所说的价值教育。我上面提炼出来的那些价值理念，是每一个人都需要了然于心的，其实就是做人的基本道理。"六经"文本读起来不无繁难，但《论语》事实上可以作为"六经"的简要读本，如同马一浮所说，《论语》里面有"六艺"，《论语》可以直接通"六艺"。孔子讲的道理，其实就是"六经"的基本道理，只不过通过夫子的言传身教，化作了日用常行，变得更为亲切、近人、易入。这是"四书"中另外的《中庸》《大学》《孟子》，犹不能与之相比并者。《论语》是中国文化宝藏的宏明正学的第一代表，绝对堪称"思无邪"的传世圣典。

传统文化和国学进入教育，首先应该让《论语》成为各级学校的教科书，譬如：小学一至四年级国学课，主要诵读《论语》，先选读，逐渐读全本。小学五六年级，《论语》外，加入《孟子》选读，都是以诵读白文（不加注释的文本）为主。初中，《论语》和《孟子》选读之外，加上《大学》《中庸》，需要背诵。小学不必念《大学》《中庸》，到初中才念，这是我的既不同于前人也不同于时人的特殊理解，这里不多讲。高中，巩固《论语》等四书诵读成果，适当加入"六经"的文本选读，以及文言文写作练习。学习文言文，可以领略文本的庄严。大学一、二年级应继续开设国学课，主要选读六经。国学教育应成为整个通识教育的一部分。分级分层，由浅入深，循序渐进，长期熏习，祈以几十年、上百年之后，使"六经"的价值论理成为中华儿女的文化识别符号。

我的结论：修身从知耻开始；学习国学，从诵读《论语》开始。

宋代信息渠道得失谈

邓小南

邓小南，女，1950 年 6 月生于北京。现任北京大学历史学系、中国古代史研究中心教授，北京大学人文社会科学研究院院长。兼任中国史学会副会长、国务院参事。国家级教学名师。曾任中国宋史研究会会长。1985 年留校任教，多年从事中国古代史教学和科研工作。

主要研究领域为宋史、中国古代官僚制度史、唐宋妇女史。主要学术成果包括《宋代文官选任制度诸层面》《祖宗之法——北宋前期政治述略》《朗润学史丛稿》《宋代历史探求》等。曾在哈佛大学等海外多所高校讲学。在海内外学术刊物发表论文百余篇。其开设的"中国古代史（下）""中国古代的政治与文化""宋代政治制度史专题"等课程深受广大师生的好评。

信息渠道自古以来都是非常重要的问题，人世间所有的往来互动都与信息沟通相关。信息也是一切决策的基础，治国理政更离不开对信息的掌握。古人所讲的信息，与当今信息的概念是有很大区别的。他们说到"信息"的时候，主要有两层含义。首先是指音讯，包括消息、指令、数据等口头、书面传递的内容与知识；另外凡提及"信息"，大多与"通""塞""传送""隔绝"相关联，显示出其流动的本性及渠道的重要。由于信息的流动性特点，所以我们今天在研究时所要关注的不仅仅是信息本身，更重要的是我们要关注它流动的途径与构成流通链条的各个环节。这是我们在讨论信息渠道时要特别注意的。

中国古代就有"信息"这样的表述，唐宋以来，这种表述愈加频繁。从下面几条材料我们可以看到，宋代人其实对信息是有焦虑感的。

元丰七年（1084），宋廷在今天陕西一带与西夏作战，前线消息有几天没有报到中央，这让宋神宗非常着急，于是手诏李宪："兰州信息不通已几旬日，可速以重赏募人间路前去问达，及日逐具事宜以闻。力取万全，勿误重事。"派专人去处理信息不通的问题。苏轼被贬黄州时也曾给朋友写信："黄州真在井底，杳不闻乡国信息。"描述自己身处黄州就像在井底一样，外面的消息完全都得不到。生活在北宋和南宋之交的著名词人李清照，在诗作里也曾写到"不乞隋珠与和璧，只乞乡关新信息"。

这样一些记载让我们看到，当时各个阶层的人，从皇帝到庶民都对信息的获取存在着各种各样的焦虑。

一、宋代官僚体制的基本结构（简介）

首先来介绍一下宋代官僚体制的基本背景。这张"北宋前期中枢机构示意图"呈现给我们一个北宋中枢机构的大致面貌。在北宋前期，皇帝与前代一样高高在上。皇帝下设有御前会议，是宋代最高的决策机构。御前会议之下的宋代中枢制度通常会被研究者称为"二府制"。"二府"所指的就是中书门下与枢密院两部分。中书门下是宰相的办事机构，它在当时是主管行政的机构，负责国家所有的行政和民政事务。枢密院则负责国家所有的军政事务。这样分工就是使一个官僚即使位高权重，也不可能掌握所有的权力，从而达到分而治之的目的。二府周边还有一些其他机构，比如负责国家财政的三司，负责监察和进言的御史台和谏院。除了图上列出的几个机构外，还有诸如审官院、审刑院、太常礼院等等机构。这些机构都是直接向皇帝负责、禀报的。

北宋前期中枢机构示意图

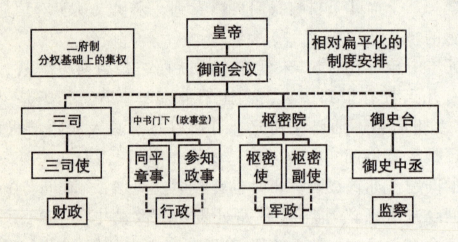

所以宋代的制度结构不是一个层级很多的"金字塔"式结构，而是比较扁平化的。其中与"信息"直接相关的，主要是御史台和谏院等。御史台和谏院是当时的监察部门，它们同时都有进言的职责。所以御史台和谏院又被称为言路，就是各种各样的言论和意见可以通过这样的一条渠道直接呈递到国家的最高办事部门甚至于皇帝。

御史台和谏官其实早在前代就已设立，但宋代这些机构与唐代的最大不同是，宋代的监察机构并不是宰相的属官。他们不从属于中书门下，其职能和中书门下并列并直接向皇帝负责。所以在唐代的材料里很少会出现监察部门弹劾宰相的情况，但是在宋代就有大量关于监察部门对于当时国家执政群体，甚至是对宰相本人直接弹劾的记载。

北宋前期的制度结构，在元丰三年（1080）有一次基本调整。二府体制变更为三省—枢密院体制，如"中枢机构基本体制"这张图所示。但我们通过观察就会发现所谓的三省—枢密院体制中的"三省"其实是把原有的中书门下一分为三。也就是宰相的办事机构分成了中书省、门下省和尚书省，而枢密院没有变化。所以它从根本上还是二府体制的变体。

中枢机构基本体制示意图

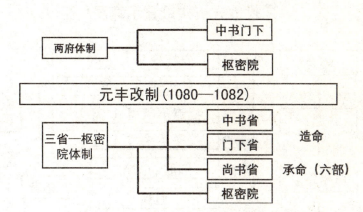

三省是有分工的，中书和门下是所谓"造命"的。"造命"就是指国家的政府文件从它们这发出，中书省的中书舍人负责起草文件。而他们起草的文件，并不能马上下发，要经过门下省的给事中审核。门下省如果认为文件符合相关政策，就可以送到"承命"的尚书省执行；假如有不同意见，起草的政令就会被驳回，重新讨论。所以中书省的中书舍人与门下省的给事中担负着很重要的责任。这两部分人也被简称为"给舍"。

以上是当时中央的结构，下面我们看一下地方上的官僚结构层级。大体上宋代地方在朝廷之下有路、州府、县三个层级。路就相当于现在的省。府州军监相当于现在的地级市。再往下还有县，与今天的县大致相同。

宋代的路可以看作是中央派出的监察区，我们从"宋代地方机构设置示意图"上可以看到，路设有四个主要管理机构，而这些管理机构的权责基本是并列的，没有任何一个能统帅其他三个。它们负责的事任不完全一样：安抚使司负责军政，转运使司负责转运钱粮，提点刑狱司负责司法，提举常平司负责地方的灾荒赈济。这四司里边的转运使司、提点刑狱司、提举常平司又被统称为监司，也就是说它们都承担着监察地方官员的职责。它们在地方上搜集情况以及向中央汇报都会各自独立进行，互不隶属。

宋代地方机构设置示意图

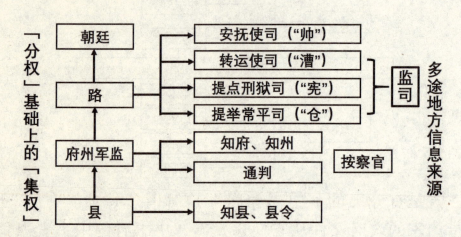

路下面的层级是府州军监，简称"府州"。我们通常提到的官名有"知府""知州"等，地位相当于现在的地级市。这一级别的官员，一方面要接受监司领导和监察，另一方面也直属于中央，都有直接向中央汇报地方情况的权力。州这一级的官员里也设有"通判"这样专门负责监察事务的官员。所以从朝廷的角度来讲，从地方上得到的信息，实际有多种来源和渠道。

以上就是宋代中央和地方的官僚结构的大致背景。

二、"兼听广纳"：多层多途的信息渠道

下面介绍一下宋代建设的多层多途的信息渠道。所谓多层是指一种纵向的层级，多途则是指一种多元的信息来源。我们可以分为君主与臣僚、内廷与外朝、朝廷与地方这三层关系来理解。

（一）君主与臣僚

南宋的名臣魏了翁曾给宋理宗写过一份报告，在报告里他罗列了北宋太祖、太宗时实行过，他认为是值得当今皇帝效法的一些做法。其中就有关于信息的问题。

他说："所谓宰辅宣召、侍从论思、经筵留身、翰苑夜对、二史直前、群臣召归、百官转对轮对、监司帅守见辞、三馆封章、小臣特引、臣民扣匦、太学生伏阙、外臣附驿、京局发马递铺，盖无一日而不可对，无一人而不可言。"

在这条材料里他说，朝廷的宰辅、皇帝的侍从、经筵的帝师、翰林学士院的学士以及记录皇帝起居的史官等人都可能经常见到皇帝，并向皇帝进言；外地臣僚从地方到中央来述职，或者即将调任的官员也有见到皇帝的机会；在京八品以上的官员也能向帝王转对、轮对。除了官员，老百姓也可以通过登闻鼓院等机构去诉冤，太学生也有向皇帝进言的机会。对于当时的这种气象，他形容："无一日而不可对，无一人而不可言。"魏了翁在南宋行将衰颓之际和皇帝讲这些，实际上是要提醒甚至是批评当朝皇帝，希望他广开言路。虽然他对以往的情形有所美化，但从他的叙述中我们可以看到当时进言途径确实是比较多元的。

魏徵是唐太宗贞观年间以直言进谏而著称的名臣。他曾对太宗说："人君兼听广纳，则贵臣不得壅蔽，而下情得以上通也。"就是讲作为皇帝，如果兼听广纳，贵臣就不可能把信息渠道封闭起来，这样下情就得以上通。因此，兼听广纳并不完全是君主个人开明倾向的表现，事实上也是中国古代君主防范壅蔽的一种统治术。

1. 君臣之间：宰辅·台谏

我们从两类官员来看当时的信息渠道是如何运作的。首先是臣僚里最高层的宰相。作为当时北宋抗金的标志性人物，李纲在南宋时曾回忆道："臣靖康初误蒙渊圣皇帝识擢，承乏政府凡半年。被命宣抚两河，自出师至以疾丐罢，凡五十余日。前后祗受御笔七百余件，装褫成七十轴，宝藏私家。"也就是他在担任宰相加上外派的不到七个月的时间里，宋钦宗给他写的御笔有700多份，这体现了战争时期宋钦宗和李纲之间的互动。

另外宋理宗时的宰相杜范曾对皇帝说："凡废置予夺，（君主）一切与宰相熟议其可否，而后见之施行。如有未当给舍得以缴驳，台谏得以论奏。"就是指包括废置予夺在内的任何决定，皇帝首先应和宰相进行非常仔细的商议后才能去实行。如果中书舍人起草时认为不合适，他可以把政令退回。即便起草后传给门下省的给事中，给事中也可以缴驳。给事中如果同意将其颁布，台谏还可以论奏。所以杜范在这段文字的最后说："是以天下为天下，不以一己为天下，虽万世不易可也。"也就是说他认为这样的规矩应该要长期延续下去。

从以上两个例子我们可以看到宰相与皇帝间的互动。下面谈当时官员中最重要的监察力量——台谏官。台指御史台，谏指谏院官官员，合称"台谏"。因为皇帝深居九重，外间很多事都要靠台谏官才能知晓，所以台谏官又被认为是天子的耳目。

台官和谏官虽然都是有向皇帝进言的权力的监察官，但他们的职责还是各有侧重的。台官的重点在于对政策执行后发生的问题出面纠正与弹劾。而谏官通常的侧重点则是拾遗补阙，他们看到朝政不当的地方可以提出建议和批评。因此两者虽有合作，但彼此分工各有侧重。宋神宗熙宁四年（1071）苏轼在给皇帝的报告里提到："自建隆以来，未尝罪一言者。纵有薄责，旋即超升。许以风闻，而无官长；风采所系，不问尊卑；言及乘舆，则天子改容；事关廊庙，则宰相待罪。"他认为宋太祖以来从来都没有因为进言而给官员治罪。哪怕是皇帝有一些象征性的处罚，在事后这个官员也会得到提升的机会。最后他说："言及乘舆，则天子改容；事关廊庙，则宰相待罪。"就是假如台谏官的意见批评到了皇帝，天子也是要认真考虑这些意见的。假如意见牵连到了朝廷，宰相就要辞职，等待皇帝的处分。所以台谏官的进言途径以及他们的进言效力在那时的影响是非常突出的。

台谏也被称为言路，在宋代有很多的相关记载。杜范曾言："台谏，天子之耳目，朝廷之纪纲系焉。"我们从积极的角度来看，台谏是皇帝和朝廷的耳目。而从另外的方面看，台谏在某种意义上也是朝廷的鹰犬。

如岳飞的冤案，就是御史台一手操办的，那时的御史台受到宋高宗和秦桧的操控。所以御史台受政治权力干预的现象是十分明显的。这种干预在宋代各个时段的强弱程度不同。但在总体上，宋代台谏作为一种言事监察的机构，他的言事功能比前朝大大强化。有宋人把台谏称为宋代立国的"元气"。

宋代著名的文学家、史学家、政治家欧阳修也曾做过谏官。他在当年给另一位谏官的书信里曾说："我们这些谏官，虽然地位不高，但是我们的作用几乎可以和宰相相比。天子如果说'不可'，宰相是可以说'可'的，天子说'然'，宰相是可以说'不然'的。坐在庙堂之上和天子能够相可否的是宰相。而我们谏官，天子说'是'，谏官可以说'非'，天子说'事必行'，谏官可以说'必不可行'。所以站在殿堂之前和天子争是非的是谏官。虽然宰相地位崇高，可以行宰相的道理；谏官虽然位阶卑微，但我们的言论也有得到采纳的机会。"所以从某种程度上我们可以看到，当时皇帝、宰执、谏官之间也有一种类似三角的制衡关系。当然在帝制社会，不可能有所谓的三权分立，但在这一特定的历史时期下，三方确有一种相互制衡的关系存在。

南宋的笔记《曲洧旧闻》记载了一件描述皇帝与台谏之间制

衡关系的鲜活事件。宋仁宗是北宋的第四个皇帝。他当时有一位非常宠爱的张贵妃。张尧佐是张贵妃的叔父。当时朝廷要把张尧佐任命为宣徽使。宣徽使在当时是位阶很高的官员，因此当时朝野有各种各样的议论，最终当然还是皇帝做决定。所以有天皇帝上朝，张贵妃心知今天就要决定她叔父的任职，所以她把皇帝一直送到殿门口，抚着皇帝的后背说："官家今天千万别忘了宣徽使这件事。"皇帝就说："行行行。"就去上朝。在朝堂，皇帝颁布旨意要让张尧佐任职。而这时的御史中丞是包拯。包拯看到旨意后，就去面见皇帝，反复以各种理由拒绝这道旨意。言辞之间说得非常激动，唾沫溅了皇帝一脸，皇帝在这个情况下只能放弃原有的想法。下朝后，张贵妃派宦官去探听消息。得知包拯激烈反对的情况，张贵妃就去向皇帝道歉，皇帝边擦脸边对她说："你只管要宣徽使，你不知道包拯是御史中丞！"这个故事说明台谏官员的意见，有可能扭转皇帝心目中已经决定的事项。

包拯是台官。下面我们再看一个谏官的例子。刘安世是哲宗朝的谏官。当他除授这个职任后，先回家去问他母亲的意见。他说："朝廷不以安世不肖，使在言路。倘居其官，须明目张胆，以身任责。"现在我们认为"明目张胆"是一个负面词，但在宋代这个词基本上都是形容某些人敢于进言的正面评价，往往是指公开直率地向皇帝提出意见。

2. 体制规定内：轮对·转对

台谏都是在言路的官员，除了这些官员外，其他官员也有面见皇帝进言的机会。这就是魏了翁曾提到的轮对和转对。官员轮流地去面见皇帝就是轮对，从官员自身角度来说一个转一个的面对君主，就是转对，这两个词基本上是指同一件事情。

转对轮对是在宋代体制规定之内的一种制度。从皇帝角度来说，这是一个信息沟通、了解下情的机会。同时也是考察官员的机会。皇帝通过这项制度能够观察到官员在轮对、转对时能提出什么意见和建议。所以宋代材料里，记载了一些有才能或者有信心的官员天天都在期待自己轮对的日子。而有一些庸庸碌碌的人则非常害怕轮到自己。《宋会要辑稿》里称转对轮对是"旁开求言之路，日引轮对之班"。就是指这是言路官员之外的求言之路，而且在理想状态下每一天都要有官员来轮对。

当时轮对的范围很广，如果一位在京官员一年多都没有遇到轮对的机会，那会被认为是非常特别的。当时在京的官员中的大多数都有通过轮对见到皇帝面谈的机会。官员对此也非常重视。有次轮对苏轼、苏辙兄弟二人被安排在了同一天，所以两个人都觉得非常光荣。苏辙还专门写了一首诗去纪念这件事。

宋孝宗淳熙十一年（1184），某天轮到南宋心学的开创者陆九渊第一回轮对。我们现在在《陆九渊文集》里可以看到他当年向孝宗进言的内容。其中有"（陛下）临御二十余年，未有（唐）太宗数年之效。版图未归，仇耻未复，生聚教训之实可为寒心"这样的话。面对皇帝提出尖锐批评，是要具备相当的勇气的。差不多两年后，又该轮到陆九渊轮对。结果就在日期快到的时候，他接到宰相把他调往外地的命令。从此以后，陆九渊再也没有回到京城。后来陆九渊在给朋友写的信里就说明了把他调走的原因。就是因为宰相听说陆九渊这次见皇帝是要弹劾他的，所以宰相就提前给陆九渊安排一个别的职务，把他调走了。因此李心传曾写道："士大夫不为大臣所喜者，往往俟其对班将至，预徙他官。至有立朝逾年而不得见上者。盖轮其官而不轮其人，此立法之弊。"所以说有一些制度虽然我们看起来非常合理，但是制度本身存在上下其手的机会，也有各方面力量的介入和干预。

除了京城里的官员有面见皇帝的可能，当时在各地的州一级的重要官员在他们离开朝廷以及回朝廷述职的时候，都有面对的机会。这种状况从宋太宗时就开始了。到了后来，一些重点地区的主管，皇帝还是会逐一谈话；对于一般的官员，这项制度就变成了一种集体会见的仪式性安排。

3. 体制规定外：留对·夜对·小官言大事

在当时制度规定之外，也有一些奏对的机会。比如讲筵的留对。讲筵又称经筵，是一些官员给皇帝讲经史的地方。宋神宗时司马光因为与王安石意见不合，两人不能共事。但皇帝十分需要多方面的意见。所以皇帝就安排他在经筵讲《资治通鉴》。从前些年发现的《司马光日记》的记载中，我们看到，司马光在给皇帝讲完《资治通鉴》后，皇帝往往会把他留下，命座赐茶。然后皇帝就会问到一些外朝的事情。宋神宗经常征询司马光对新法的意见和对高级官员的看法。他们之间的谈话非常坦率和诚恳，就像朋友一样。

在南宋有很多像司马光这样的讲筵官员，在他们的文集里都会清楚记录下皇帝在问他们什么。有时问如何应对敌方使者，有时问地方物价几何，有时问纸币的贬值，有时问朝廷征发对地方骚扰的程度等等。这些事情皇帝经常是在这种非正式场合了解到的。

南宋孝宗不满足于在众多礼仪限制下与官员对话，经常在晚上把官员召入宫廷谈话。他会召来包括尚书省、中书省、经筵、学士、监察等各类官员夜对。有记载说这些官员见皇帝的时候，"从容造膝过于南衙面陈"，就是谈话的时间非常从容而且与皇帝十分贴近，所以这些人都觉得十分感动，心里有什么话都想和皇帝讲。因此无论是皇帝问经史、谈时事或访人才，或是谈论对宰执的意见等，这些被召来的官员"凡所蕴蓄，靡不倾尽"。

另外也有一些小官，敢于讲大事。宋徽宗当政的时候"上下俱溺于宴安"。很多人都觉得这种局面是不可持续的。但因为当时蔡京、王黼等人把持的朝政十分黑暗，所以没有人敢说。当时有一个负责校对文献的八品小官曹辅，他就写了一份报告，用非常激烈的语言批评这种局面。皇帝表面上对他很宽容，没有责问治罪。但是当时的副宰相是余深，就把他叫来责备说："小官何敢言大事！"结果曹辅答："大臣不言，故小臣言之。"

《皇宋中兴两朝圣政》里记载，宋高宗绍兴八年（1138）宋廷曾和女真人进行第一次和谈。这次和谈其实最终没有成功，但秦桧主政的朝廷里欢欣鼓舞。当时也有一些人出面反对这件事，其中就包括监察御史方庭实，他是御史台里级别很低的七品官。他当时就对高宗说："天下者，中国之天下，祖宗之天下，群臣、万姓、三军之天下，非陛下之天下。"十分清晰地表达了他对于议和的反对。

可见当年地位低微的小官里确实有一些敢于仗义执言的人。

4. 另类信息渠道：宦官·走马承受·民间百姓

另外皇帝还有一些体制外的另类信息渠道，比如宦官。其中御药院是一个典型。御药院在宋代是一个非常值得注意的机构。从表面上看这一机构的职责本应该是限于皇帝的饮食、医药等。但实际上因为御药院的人都是与皇帝最亲密、来往最直接的宦官，所以皇帝有一些不希望某些外廷官员知道的机密信息就通过他们去办。比如皇帝如果要任命宰相，那么任命消息是绝对机密的。任命宰相的文书，不能让本就是宰相办事机构的中书舍人起草而要交皇帝的秘书翰林学士。往往就是御药院的宦官把信息从内廷带给翰林学士。所以御药院也是信息沟通上的一个重要关节。宋代的很多材料都体现了这一点。

皇帝身边还有一些帮他跑腿、办事的低级供奉武臣。从宋真宗开始，他们中就有一部分被派去做"走马承受"，也就是骑快马专门到地方去搜讨社情民意、地方状况的人。《文献通考》中有这样的记载："走马承受诸路各一员。无事岁一入奏，有边警则不时驰驿上闻。大观中诏许风闻言事。"因为他们本就是皇帝身边的人，所以可以直接入禁中，消息的往来途径非常迅捷。走马承受在北宋后期又被称为"廉访使者"。

我们还会看到君主还有一些非常私人的信息渠道。这样的渠道几乎在宋代史籍里找不到任何正式的规定，但是这一类的材料其实有很多。例如，宋真宗对一名外任官员十分满意，于是就和宰相说，等这个人任满，要把他提成路级的官员。后来这个人任满到朝廷述职，皇帝就又和执政说到这件事，执政官员就去起草任命了，准备第二天上朝时公布。散朝后执政回到家，这个官员便到执政家里拜访。第二天上朝，执政请皇帝批示之前拟好的命令，皇帝却不同意提拔，这件事情便没有办成。宰相奇怪皇帝为什么变了主意，于是就去打听，后来才知道有人向皇帝报告了这个人到他家去的事情。所以皇帝觉得这个人到处攀关系，决意不能拔擢。从这个事情，一方面我们看到皇帝不喜欢那些为了名利而奔走竞争的人，另一方面，我们也看到皇帝有一些个人的不为朝廷把握的信息渠道。

另外宋代专门针对百姓有登闻鼓院。老百姓如果对地方官员不满意，可以去击登闻鼓申冤，这就有下情直达朝廷的可能性。

宋太宗的时候，有老百姓到登闻鼓院，说他家的猪丢了，宋太宗知道了这件事，就给他一千钱作为补偿。后来宋太宗就跟宰相说："似此细事悉诉于朕，亦为听决，大可笑也。然推此心以临天下，可以无冤民矣。"这其实是当时皇帝所做出的一种亲民姿态，当然也是一种了解民间事务的途径。

（二）内廷与外朝

宋代行政文书流程图

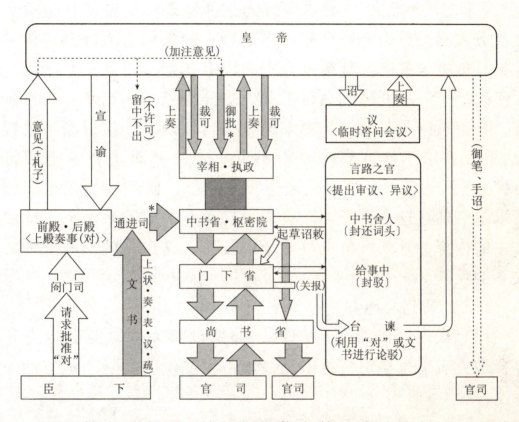

下面我们来看内廷和外朝之间信息传递的关系。从"宋代行政文书流程图"上我们会看到，当时正常的上行、下行文书都要经过二府。二府就是中书省和枢密院。重要的核心事务会通过二府报到禁中。以往我们认为皇帝所说的都是圣旨，禁中的所有意见都要照办。实际上即便皇帝认可的事情，如果没有经过二府、宰相机构的讨论，那么这件事可能不被认为是圣旨，不一定要执行。

我们会看到，图的右侧有一行是虚线，括号里面写的是御笔、手诏。御笔、手诏就是皇帝亲手批出来的条子。这些条子皇帝不愿意让它经过宰相部门讨论，而是会派人直接送到某一个部门去执行。这样的条子，在当时叫作"内降"。宋仁宗批条子比较多，群臣也有意见。仁宗就表示"凡事必与大臣佥议，方为诏敕"。他虽然这样表态，究竟外朝官员敢不敢抵制呢？

《宋史·杜衍传》记载当时的吏部侍郎、枢密使杜衍负责管理部分人事。皇帝有时会安排自己亲近的人做官或提升，内批给杜衍让他办这些事。杜衍放在一边没有执行，待这些条子攒上十几份以后，一块儿拿到皇帝那儿，退还给皇帝。当年欧阳修是谏官，皇帝就问他，外人知不知道杜衍封还内降。然后皇帝就解释说："凡有求于朕，每以'衍不可'告之，而止者多于所封还也。"意思是表白自己不是随便批写条子，已经制止了很多这种请求了。通过这个例子可以看出，在正常的政治环境下，即便是君主的内降，外朝官员也可能予以抵制，这也是内廷和外朝之间关系的反映。

（三）朝廷与地方

信息从内廷颁布到外朝后，如果没有问题，便会传递到地方，地方有事也会汇报给中央，本节主要说明朝廷与地方的信息传递。

1. 上传下达的枢纽：都进奏院

朝廷与地方的文书传递有一条十分清晰的路径。内廷出来的文书有一个总的传递机构——都进奏院。内廷的诏敕符牒等文书要通过都进奏院传达到地方。反之，地方的报告章奏也是通过都进奏院传到朝廷。将送来的材料交给通进银台司。这些文书通进部门所在地距皇帝日常办公地点非常接近，这样就减少了很多中间传递的过程。

2. 上传下达的载体：邸报与批书

宋代继承了唐代就开始的邸报制度。邸报又被称为小报，实际上就是当时的政府公报。因为宋代采用了刻印的印刷技术，邸报的传播度比唐代大为增强。宋代邸报会送到所有的州府，其中包括各种不同方面的内容。地方官员对于当时朝廷内的人事变动、行政动态等都是通过邸报来了解。

地方需要了解朝廷，中央也需要了解地方。中央对于地方的信息尤其是对于地方官员的政绩表现是十分关心的。因此各州郡每一年都会有考核。考核的内容写在一张官方盖印的纸上。这张纸就称作"印纸"，上面的内容被称作"批书"。但是这一考核基本只是记录，不涉及等级评定。各州的通判负责按察，路级的监司也会四处巡视，评鉴地方官员的等级。中央监察部门也会有针对性地了解一些情况。特别是如果地方上有人反映官员不廉洁，朝廷通常就会派人到地方上去实地"体量"。最终中央人事部门会把各个部分报来的消息放在一起汇总比对，在这个基础之上，决定对地方官员的奖惩。

2005 年浙江金华的一座被盗墓中出土了 4 万多字的文书。这是南宋一位叫作徐谓礼的官员在做官的 31 年里 13 次升迁任免的任命文书和考核记录。使我们可以清晰地观察到当时考核文书的内容。

1235 年对徐谓礼溧阳知县任内的考核中写道："无已获强盗，无未获强盗；无已获窃盗，无未获窃盗。"看上去他就任的这个地方就像世外桃源一样。其实这条印纸只是一种情况记录。而这个情况汇报是否准确，却是另一回事。

比如某地上报没有强盗窃贼，其实可能存在百姓报案而被官府消案的情况。其他的事情同理甚至更为复杂。印纸本来是朝廷的一种信息征集系统，但是这一系统的准确度，在很大程度上受到人为因素的影响。

3. 上传下达的保障：保明、按察与巡视

《徐谓礼文书》中有多处"诣实""勘验""核验""照验"等验证方式的表述，也有"证应""磨勘""驱磨""钩稽"这些连带责任保证的方式。相关的官员在后面签上名字，并保证信息的准确性。将来如果发现信息有问题，所有签名的人都要负责任。这是当时朝廷保证信息准确的一个最主要的操作方式。

这种操作方式在宋代也被称为"保明"，就是要有人为事情的准确性来担保。宋代有很多专项信息搜集，比如财务审计、人才荐举、民间动向、边地军情等，这些信息的搜集整理等都需要有人保明。

保明对任职官员来说是一种法定义务，只要是职权范围内的事就必须做担保。为什么如此强调？范纯仁曾经说："一切付之群臣有司，如此则将来成败各肯任责。"这是保明法的真正意义所在。让官员保证事情将来成败各肯任责。如果没有人出面来保明，将来事情成败真假，便没有人负责。他也曾说，有一些权力要相应地放到地方。地方有了权力以后，也要让他们来负责。在当时，纵向有次第的不同层级的保明，横向的有同共层级的不同机构的保明。因此保明就像织成一张网，把所有的事情和人固定在网结上，通过这样的方式来达到保明的目的。

宋代有一些官员被称为按察官，按察官大约有两类情况：一类是那些常驻地方专门负责监察的官员；另一类是中央派出的一些出巡地方的官员。他们在调查地方官员和事件时，会使用称作"访闻""体量"的调查方式。

访闻指这些监察官员主动调查，利用他们各种各样的关系网络去采访，了解地方情况。体量则是指派人到实地去体察、衡量。体量的对象不光涉及官员，也涉及地方上的各种事项。不光有朝廷对各级监司、州县官的体量，也有对他们下属的体量。所以总体来说，这也是对于地方信息了解和汇聚的重要途径。

宋代也有"巡视组"，特别是在改革时期。庆历新政期间，在改革还没有正式推开时，欧阳修就曾提出要选择精明强干、比较廉洁的官员去了解地方治绩。范仲淹提出了新政的十条纲领，其中第四条就是"择长官"，他对此非常强调。而"择长官"，就是派一些按察使到地方去巡视，巡查地方官员是不是真正能够尽职尽责。

当时范仲淹、富弼、欧阳修等精心挑选了一批官员，除授按察使的职任，到各地去考察地方官，特别是府州一级的地方长官。考核的结果本应是把最好的和最不称职的两端都报上来，但是结果被弹劾的多，而能够表彰的很少。这样一种情况就引起了中层官员强烈的反弹。因为北宋统治到这时已经80多年，地方上的官员，从来没有受到这么多规矩的制约。现在又是巡视，又是报告，开列出来很多巡视条目。结果就像包拯当时说的："天下官吏各怀危惧。"南宋人李焘也曾说："按察使多所举劾，人心不自安。"庆历新政后来的夭折与这些原因是有直接关系的。但以上的材料也体现了当时朝廷派到地方去巡视的按察使，实际上也是一种信息集散的枢纽，地方信息靠他们带上来，中央政策靠他们带下去。

三、"制度文化"：信息渠道通塞的重要因素

以上我们介绍了宋代君臣之间以及朝廷和地方之间的一些信息收集方式。我们会看到，尽管有各种各样的制度设计，但是制度运作的实态，其实并不尽人意。那么这种状况究竟是为什么？我想可能和当时环绕在制度周边的政治文化氛围有关系。当年的信息渠道是通还是塞，这是一个非常重要的因素。

王安石在给《周礼义》写的序里曾写道："制而用之存乎法，推而行之存乎人。"也就是说制度规定和人事操作，这两者是不能分开的。制度能不能按照设想去实施，一是要有相应的技术手段，有严格明确的评判标准和方法；另外我们也要看制度的

效果靠什么来保证，会有什么样的风险？

我们注意到，与信息相关，既有体系性的风险，也有个人的风险。在特定的官场生态下，如实反映信息，有时反而会给提供信息者带来政治风险。

官场文化和官员的价值观会影响到制度的选择，也会影响到制度运作的实际效果。信息有需求方、供给方、传输方、筛选方。信息渠道由一个个的环节构成能够运行的链条。各方面的利益表面上看起来是一致的，都是想要收集、了解真实的信息；但实际上他们深层的关切，存在较大的区别。比如地方长官在了解信息时，究竟是鼓励下级呈报真实可靠的消息，还是希望呈报能够支持长官政治主张的信息？这种情况往往是有权衡的。下级也是一样，他是如实申报很多上司不爱听的事，还是说他要选择性地上报？这里也存在着权衡，有其个人风险的考虑。

上文提到很多人要负责"保明"。作为保明者，一方面这是他们的权利，一方面这也是他们的责任。这些保明者是不是真要保证材料是真实的？还是说他们明明知道材料其实不真实，但仍旧作保？在这里，他们也会有所考虑，也会权衡可能的政治风险。所以我们很难说经过保明的事情究竟是不是真实的。只能说，如果不出现重大变故，这些事不太可能被倒查。那么我们就认为它是真的，就接受这种结果。所以宋代虽然非常强调各种信息之间的核验，但在地方上处理这些信息的人，包括他的政策导向都是有特别趋向的。上级往往是进行选择性的抽查。而且我们也会看到，选择性抽查过程中，既有主观的目标，也存在一些有意或无意的疏漏。所以要真正保证信息渠道畅通和信息真实，实际要考虑到很多方面的因素。皇帝，包括朝廷，对于信息的问题都是很焦虑的。但是这并不意味着他们真正重视对于信息渠道的建设。

南宋卫泾做著作郎的时候，给宋光宗打过一份报告，报告里说："陛下每于臣僚奏对，言虽讦直，必务优容，可谓有容受之量。然受言之名甚美，用言之效蔑闻。"宋理宗时的杜范，是殿中侍御史，他也曾对皇帝说："陛下但知崇奖台谏为盛德，而不知阻抑直言之为弊政。则陛下外有好谏之名，内有拒谏之实。天下岂有虚可以盖实哉！"这两个例子都显示了"焦虑"与"重视"之间的不对等关系。

即便君主在各种场合表示很希望获得各种各样的意见并建设了多层多途的信息渠道，设置有核验的措施，但是最终还是不能完全掌控充分、真实的讯息。究竟问题出在什么地方？我认为这与君主官僚体制是有直接关系的。信息渠道上的关节是由人控制的。官场生态对于官员的驯化起了很重要的作用。一方面，有些人是有意的虚报瞒报，另一方面也有大量的官员是在特定制度文化的前提下选择性提供信息。

南宋时江西发洪水，几个县都被冲毁，百姓的生存条件受到了非常严重的影响。但是这件事孝宗当时根本就不知道。直到后来有人说起，他才听说。事后他就来追问宰相和参知政事（副宰相），当时的参知政事蒋芾就解释说："州县所以不敢申，恐朝廷或不乐闻。"也就是说，从一开始州县就没有把这条讯息上报，因为他们估计朝廷不想知道这件事情。既然州县不报，自然宰相也就不报了。可见地方官员经常小心窥测皇帝"玉色"，观察朝廷的动向，揣摩朝廷的意志以及朝政的趋向，然后再决定要提供哪类信息。

北宋中期范祖禹做监察官员。当时地方上报用度不足，朝廷中就有人建议派郎官到地方上巡视，算一算到底有多少亏空，如何解决。范祖禹听说后，就提意见说："若其数不多，则朝廷可以应副；若其数浩大，不知朝廷能尽应副邪？"所以他的意见就是朝廷不要直接了解此事，免得自寻烦恼，不如睁眼闭眼，皆由地方自己想办法，避免朝廷陷入面对巨大亏空的尴尬境地。这些都反映出他对朝政的揣摩、趋势的分析。同时也表明在信息沟通过程中有很多的机窍博弈，并不是只强调真实准确就可以奏效。

另外也有一些博弈与制度实施的一些内在缺陷有关。有记载表明监司去审查州县治绩时，他们都会事先通知地方。每次他们出去以前，都会给地方发一份公文（牒）。文牒里面就有这次巡视的项目内容。地方上就会根据这些内容"刷牒"，就是把牒上的内容，事先逐一清查补足。监司到地方后看到的不见得是真正的材料，而是地方上为了应付检查编制出来的一套材料。这就反映了制度实施过程中在程序以及方式上存在的一些内在问题。

信息的实与不实，其实涉及一些根本性问题。首先应该追问：谁真正关心信息是否准确？是信息的申报者，还是汇集者？是筛选者，还是朝廷的决策者？究竟是谁真正关心这个问题？

一般认为所有人都应该关心。但在这种官场生态里我们其实会看到有不同的情形。官员有的是有意隐报瞒报的，有的是因为他无所作为，也有的是因为他揣测上级的意图，把一些事情搁置或者淡化。这样使得信息不能及时充分地报到上面来。

这种不同利益、核心关切和利益的诉求，往往会成为信息保真或者失真的一种动力。在这种情况下，我们不能简单地认为信息非真即伪，可能存在着真伪杂糅的情况。我们也不能认为宋代的信息渠道是完全成功的，或者是完全失败的。因为它其中既有成功的因素，也有一些导致无法掌握真实信息的问题。宋代信息渠道得失的因由，其实是蕴含在它的操作方式里的。我们要关心信息处理背后体现出来的利益倾向，才能够真正了解这一制度在现实环境里运作的逻辑。

信息渠道并不是通畅的道路，渠道路途中有重重关卡。在程序周密、制度严格的表象背后，有制度悬浮虚置的可能；"人事"网络的作用从来不容忽视。

在帝制社会中，朝廷关注的重点在于国家的政治秩序。对官员治事实迹的追求，是从属于维系整个官僚体制的需要、从属于政治安定之大局的。这样就决定了所谓追求实迹的努力，并不是没有条件的。这种安定当头的思维模式，对于一个视政治为头等大事的朝廷来说，是自然而然的。恰恰是这种上下认可的倾向与习见做法，决定了宋廷追求实迹的努力只能是不完全和不彻底的。

所谓的制度文化，不是一种纯粹的规范体系，它不仅仅指制度的规定本身，而是指制度实施的一种氛围，是多种因素互动产生出来的一种综合状态。包括制度的制定者和执行者，包括制度的漠视者和扭曲者以及制度的抵制者，这样一些人的意识、态度、行为，共同构成了制度实施过程中包裹在它周围的一种制度氛围或者说是制度文化。应该说制度文化是一种弥漫性的制度生态环境，它渗透在制度里，影响着制度的生成和制度的活动方式。纵观中国历史上的各个时期，几乎没有任何制度按照它设计的那种模式原汁原味实行，调整修正以至于变形和变异，大体上是制度运行的常态。或许我们可以说，制度的生态环境，就决定了制度实施的基本前景。

中国传统法文化的历史地位与史鉴价值

张晋藩

张晋藩，1930 年出生，辽宁沈阳人。中国政法大学终身教授，博士生导师，中国政法大学法律史学研究院名誉院长。1952 年中国人民大学法制史专业研究生毕业。1952 年至 1983 年在中国人民大学法律系担任讲师、副教授、教授、博士生导师。1983 年至今，在中国政法大学从事中国法制史教学与研究工作。1987 年被评为国家级重点学科法制史学带头人，1991 年起享受国务院特殊贡献津贴，2001 年被聘为中国政法大学终身教授，2012 年入选"全国杰出资深法学家"。1986 年 8 月为中共中央书记处讲授法制课，1996 年和 1998 年两次为全国人大常委会讲授法制课。

张晋藩先生主要研究方向为中国法律史。著作有《中国法律的传统与近代转型》《中华法制文明史》《中国监察法制史稿》《中国宪法史》《中国刑法史新论》《清代民法综论》《依法治国与法史镜鉴》等 30 余部，主编《中国法制通史》（十卷本，2003 年获第三届中国高校人文社会科学研究优秀成果法学一等奖）、《中华大典·法律典》、《中国少数民族法史通览》（十卷本）等，发表学术论文 300 余篇。

习近平总书记在党的十九大报告中强调，要"坚守中华文化立场，推动中华优秀传统文化创造性转化、创新性发展"。法文化是中华传统文化的重要组成部分，传承优秀法文化，对于推进全面依法治国有着重要的启示意义。

中国是世界著名的文明古国，有着五千余年辉煌的历史，而且辗转相承、从未中断，这是世界文明古国中所仅有的。法文化史是中华文化史的重要组成部分，同样源远流长，具有系统性、完整性和典型性，在世界法文化史中处于卓尔不群的地位。

一、关于法律起源的文献记载

谈起中国传统法文化，首先面临的就是中国法律的起源问题。这方面的文献虽然不多，有些却很有价值，如《尚书·吕刑》记载："苗民弗用灵，制以刑，惟作五虐之刑，曰法。杀戮无辜，爰始淫为劓、刵、椓、黥。"苗民是活动在长江流域的一个先进的部落，又叫三苗。苗人最早摆脱了神权的羁绊，制定了五种刑罚，古代的刑和法是相通的，刑也就是法。

那么，法律为什么最早起源于苗民呢？根据古书的记载，这是因为苗部落中出现了饕餮之徒，"贪财为饕，贪食为餮"，这些贪财又贪吃的人造成了阶级的矛盾和社会的混乱，人们都不讲信用，为非作歹。为了控制这样的局面，就需要制定刑罚。所以，苗民最早摆脱了宗教神灵的控制，制定了阶级统治需要的法律。古书中关于法律起源的这一记载，与马克思主义的法律起源论颇有暗合之处，即经济的发展产生了剩余，从而出现了阶级分化和阶级斗争。为了避免斗争造成两败俱伤，就制定了法律。苗民的刑罚对后世产生了影响，夏、商、周三代所用的刑罚都传自苗人，一直到汉文帝废除肉刑才改变了三苗传来的五刑。

除此之外，古代思想家们还提出了一些关于法律起源的学说，其中比较有代表性的有两种。一是刑起于兵说，也就是法律起源于战争说。因为氏族社会末期经常发生战争，为了在战争中约束军队，就需要制定相应的制度。《易经》中记载："师出以律"，也就是部队出征打仗的时候，需要有强制性的约束，这个约束的方法就是法律，恩格斯在《家庭、私有制和国家的起源》中也谈到了这一点。我们还可以用稍近一些的历史来说明这个问题，那就是清政权在皇太极时期，经常对明政权和漠南蒙古部落发动战争，皇太极每次出征之前都会颁布军律，规定打仗时后退的斩首，前进的有功，部队之间要互相联系，不允许随意屠杀和拆毁房屋等等。这说明，"师出以律"的法律起源论有一定可据性。

另一种说法是定分止争说。定分也就是定上下、贵贱、尊卑的名分，规定相应的权利和义务，使人们各安其位、各守其分，以此来避免纷争。这一法律起源学说，不仅古代的儒家、法家认同，近代的改良派也多有认同。管子说："律者，所以定分止争也。"荀子也表示远古之时，物少人多，"物不能澹则必争，争则必乱，乱则穷矣。先王恶其乱也，故制礼义以分之，使有贫富贵贱之等"。这些学者都认为，氏族社会末期，物少人多引起了争夺和混乱，因此有圣贤出，用法律规定了贵贱上下的等级名分，避免相互争斗。

在法律起源的学说中，刑起于兵说和定分止争说的影响是最广的，因为它们带有一定的朴素唯物主义成分。

二、德法共治的由来及历史发展阶段

习近平总书记在党的十九大报告中提出："坚持依法治国和以德治国相结合。"德法共治在我国有着悠久的历史，是中国法治文明发展史的重要组成部分。

（一）德法共治的由来

中国古代的思想家并没有明确提出"以德治国"，但是诸家的论述中都隐含了德治的内容。孔子说"为政以德"，也就是用德来治理国政。他认为如果能做到这一点，四方就会都来归附，如同北极星被众星拱卫一样。孔子所说"为政以德"的具体表现是什么呢？一个是以德教民，用德来教化百姓。另一个就是胜残去杀，克服残暴的统治，不滥杀无辜。除了孔子之外，我们还可以举皋陶的例子。皋陶是虞舜时代的司法官，他提出要用九德之人为官执政，九德指正大光明、博爱、恭敬、仁慈等德行，这也隐含了以德治国的意识。

古人对于德治的表述，大多集中于讲以德化民、以德化性，也就是用德来教化百姓，使老百姓内心趋于良善，远离犯罪，从而达到移风易俗、安定国家的效果。但是单纯讲以德治国还不足以治理好国家，孟子说："徒善不足以为治。"这也就是说，德化、德政并没有强制性，所以要把德治和法治相结合。在此种思想的指导下，中国历朝历代的统治者都重视德法共治、互补互用。

（二）德法共治的历史发展阶段

德法共治在中国历史上经历了三个发展阶段。第一个阶段是周朝。西周王朝建立时期，周公总结了商朝败亡的教训，他认为，商朝本是一个强盛的奴隶制王朝，拥有庞大的军队，最终却走向覆灭，这是因为它以残酷的刑罚治理百姓，导致失去了民心，因此前徒倒戈，迅速灭亡。由此，周公非常重视现实中的民心所向，提出了"重民"思想。他以"人无于水监，当于民监"来警示周朝统治者，也就是，统治者不应该用水当镜子，而应该以老百姓作为镜子，经常照一照自己的统治。周朝把施政重点放在重民上，提出"明德慎罚"的治国方略，这是历史上第一次把德和法结合在一起。

根据周代典籍的记载，德包含三方面内容，一是正直，二是刚克，三是柔克。德的第一要义就是正直，东汉许慎在《说文解字》中这样解释德："悳……从直，从心。"把正直放在心上，就是德。刚克就是坚定、坚毅，柔克就是谦逊、和善。这三个方面是周人讲德的主要内容。那么，明德慎罚也就是以德来指导刑罚的使用，使明德和谨慎用刑结合在一起。

明德是慎罚的精神主宰，慎罚是明德在法律上的具体化。明德慎罚是周初重视人事与人命的人本主义的体现，由此形成了一系列慎刑、恤刑的法律原则。例如，周人提出"区别用刑"的刑罚原则，强调要区别惯犯和偶然犯罪、过失犯罪和故意犯罪。对于惯犯和故意犯罪者，处罚要从重；而对于偶然犯罪和过失犯罪的，则应该从轻处罚。这一原则一直沿用至今，体现了中华法治文明的先进性。除此之外，周人在司法上还很注意倾听各方面的意见，重视刑罚的宽严适度，这些都是明德慎罚思想的具体体现。

明德慎罚的治国方略，为周朝带来了"四十年刑措而不用"的成康之治。西周时期的德法共治表现了中华民族卓越的政治法律智慧，对后世产生了重大影响。

德法共治的第二个历史阶段是汉朝。汉朝在明德慎罚的基础上，进一步提出了德主刑辅的主张。西汉统治者总结秦朝二世而亡的历史教训，得出了"秦朝之兴，兴于重法治，秦朝之亡，亡于毁法治"的结论。汉代统治者意识到，要建立稳定的统治，就不能采用暴虐的刑罚，应该讲德治和礼治。由此比较完整地确立了"德主刑辅"的施政模式。

如果说，西周和汉初的统治者对德主刑辅模式的推崇，是出于经验性的总结，那么西汉中期董仲舒对德主刑辅的阐述，则将其上升到了理论论证的层面。董仲舒以"天人感应"学说和阴阳相辅相成的理论，来论证德主刑辅模式符合天道运行的规律。他说："天道之大者在阴阳，阳为德，阴为刑，刑主杀而德主生。是故阳常居大夏，而以生育养长为事，阴常居大冬，而积于虚空不用之处，以此见天之任德不任刑也。"因为阴要服从于阳，所以刑要服从于德，董仲舒的理论为统治者构建更完备的德主刑辅模式提供了理论指导，受到了汉武帝的肯定。不过，汉武帝虽然听从了儒家的见解，却并没有充分重视儒家的代表人物。一直到汉宣帝时期，朝廷仍然重用那些主张用法为教的文法之吏，汉宣帝的太子对此提出了异议，宣帝回应道："汉家自有制度，本以霸王道杂之，奈何纯（任）德教，用周政乎？"所谓"霸王道杂之"，指的就是外儒内法，德法互补共治。

东汉时期，著名的儒家学者王符、王充、仲长统等人摆脱了董仲舒的阴阳五行之说，立足于国家统治的实际，进一步论证了德法互补的重要性。王符在《潜夫论》中说："圣帝明王，皆敦德化而薄威刑。德者所以修己也，威者所以治人也。"王充在《论衡》中说："治国之道，所养有二：一曰养德，二曰养力。……夫德不可独任以治国，力不可直任以御敌也。"仲长统《昌言》说："德教者，人君之常任也，而刑罚为之佐助焉。"经过东汉儒家的反复论证，德主刑辅的治国方略得以稳定地实施，影响深远。

德法共治的第三个历史阶段是唐朝，唐朝是中国封建社会的盛世，经济的恢复与迅速发展，国家的统一与稳定，文化的繁荣兴盛，使中国傲然自立于世界文明强国之林。唐朝的社会历史条件为中华法治文明走向辉煌创造了必要的条件。唐朝思想家在德主刑辅的基础上，进一步提出了德本刑用的思想，这也就是《唐律疏议》序言中所提到的"德礼为政教之本，刑罚为政教之用，犹昏晓阳秋，相须而成者也"。唐代思想家不仅阐释了德礼刑罚之间的本用关系，还将这种关系比喻为"昏晓阳秋"的自然现象以示永恒不变。德礼为本，刑罚为用，意味着刑罚的作用不单单是惩罚罪人，其更重要的功能是明刑弼教，即通过刑罚来教育百姓，让大家都知道为非作歹会受到法律制裁。

从周初的明德慎罚，到汉代的德主刑辅，再到唐代的德本刑用，德法共治的发展大致经历了这三个阶段。德法共治是中国传统法文化中的重要内容，也是中华法律体系的特点之一。早在先秦时期，韩非子便提出"明主之所导制其臣者，二柄而已矣。二柄者，刑、德也"。随着历史的发展，德的内涵不断充实，远远超出了周初的三德之说，诚信、博爱、忠孝、善良等品性都被纳入德的范围。而德化的作用就在于唤起人们内心的善良天性，使之自觉地远恶迁善、趋吉避凶，不仅远离犯罪，更能达到一种高尚的思想境界。可见，德之用在于润人心，法之用在于安天下。

为政以德、以德化民、德法互补、德主刑辅、明刑弼教都是中华优秀传统法文化的鲜明特色，体现了中华民族的智慧和创造力，它们所提供的历史经验很有借鉴意义。

三、中国古代立法的成就及其世界影响

中国的法治文明发达很早，马克思在谈到古代东方时，特别提到中国是早熟的文明。中国的法律不仅起源早，而且长期居于世界法律文明的先列，这雄辩地说明了中国古代法律体系的伟大成就和历史地位。

中国古代的许多立法原则都非常有价值，如立法须适应国情特点。中国古代以农立国，因此在法律体系中，有关农业生产、土地、畜牧、水利、捐税等内容在立法中占有重要比重，甚至《睡虎地秦墓竹简》中还以法律规定了每亩地播种种子的数量。

在司法上，为了不误农时，从四月到八月期间为法定的"务期"，也就是农忙季节，这期间一般不接受农民的民事案件，称为"务限法"，一直延续到清朝。

除此之外，针对中国作为统一多民族国家的实际情况，古代法律制度还非常重视民族立法。在这方面清朝的历史实践给我们留下了重要的立法资料。清代针对民族地区的具体情况，制定了《蒙古律例》《理藩院则例》《回疆则例》《西藏章程》《青海西宁番夷成例》等法律。值得一提的是，我们今天依然适用的金瓶掣签制度就是清代西藏立法的成果之一，这体现了清代民族立法的伟大成就。民族立法的原则是因族制宜、因俗制宜，也就是根据各民族的风俗来制定相应的法律。例如，乾隆皇帝曾经下令不许苗人出行随便带刀，后来他废除了这道敕令，因为他意识到出行带刀是苗族的习惯，法律的制定应该考虑不同地区的具体情况。

另外，中国古代立法很强调随着时代的变化和社会的发展，要相应地变法，也就是韩非子所说的"法与时转则治"。所以四千多年的中国法治文明，虽然是纵向传承、自成系统，但却代有兴革，每一代对于前代的法律都有所改进，有所废除，唐不同于汉，宋不同于唐，清不同于明。中国法律在数千年的发展中并非一成不变，而是按照螺旋上升的轨迹在发展前进。在共同性中，又显示出特异性和差别性，这成为中华民族的一项优秀法律传统，其现实意义不言而喻。

此外，中国古代的立法还很重视在总结司法经验的基础上进行立法，也就是以经验为基础的立法原则。这一立法原则可以追溯到中国最早的司法官皋陶，皋陶从自己担任司法官的办案经验出发制定了法律。古书说"孔子垂经典，皋陶造法律"，将皋陶制律和孔子作《春秋》相提并论。皋陶之刑的主要对象是"昏、墨、贼、杀"。"己恶而掠美为昏，贪以败官为墨，杀人不忌为贼"，也就是欺诈、贪污、杀人，这都是从现实社会生活中的犯罪案例总结而来。皋陶一方面作司法官，一方面从办案经验出发，将个别的案例审判上升为法律制度，这对于中国古代立法影响深远。这一点清朝的实践很能说明问题。《大清律例》从乾隆五年（1740）制定以后，律文部分就固定下来，之后变动的地方都以条例来补充。各省督抚把他们所处理的有典型意义的案件上报朝廷，经刑部遴选之后做成条文呈给皇帝，皇帝批准之后，这些具体的判例就能固定为一般的调整，成为律文成法的补充。重视将司法经验上升总结成为法律，是中国古代立法的一项悠久传统。

中国古代立法最主要的成就是《唐律疏议》。唐朝经济发达，人民富足。据《贞观政要》记载，唐太宗统治期间，"商旅野次，无复盗贼，囹圄长空，牛马布野，外户不闭，又频致丰稔，斗米三四钱，行旅自京师至于岭表，自山东至于沧海，皆不赍粮，取给于路"。也就是说，社会治安非常好，没有盗贼，牛马放到野地里不担心被偷走，晚上睡觉也可以不用关门，从关内到岭南，从西安去广州，不管到哪，当地老百姓都可以请你到家里来吃饭。虽然古书中难免有溢美之词，但是唐朝的富庶程度的确达到了一时之盛，唐代的法治和典章制度也达到了空前的完整和成熟。以《唐律疏议》为代表的唐代法律体系，是中国法律发展的巅峰之作。

唐高宗永徽二年（651）制定《永徽律》。永徽四年（653），为了统一解释律文，又制定了《律疏》，合称《永徽律疏》，也就是今天所说的《唐律疏议》。这是保留到今天最完整的古代法典。《唐律疏议》共 12 篇 502 条，在传承历代立法精华的同时，又奠定了唐以后的立法基础。

　　唐律以完备性著称，无论社会、国家、家庭、个人等等，都有法律调整，其规范的细密、制度设计的完善、刑法原则的合理、律文解释的准确都达到了历史高峰。唐律对于德礼刑罚功能及相互关系的论述，也在法文化中具有经典性意义，后世立法、司法皆以礼为准，"于礼以为出入"，可以说是受到了唐律的影响。

　　唐律还具有鲜明的创新性，疏议与律文合编共同具有法律效力，就是历史上的一大创新。《唐律疏议》不仅是中国现存最完整的古代律典，也是现存最早而又最为严谨的律学著作。以疏议附于律文之后，是唐人在总结魏晋注释律学基础上的一大创造，它便于执法者领略律意，避免在具体实施中出现偏颇。作为官方律注，它既有对法律精神、法律原则与名词术语的规范性解释，也有对实际操作中可能出现的问题的预见和处理。其注释方法融合文理、史源于一炉，文字也符合明白晓畅的要求。

　　唐律的创新性还表现在根据新出现的社会现象和法律关系，对法律及时进行调整。比如，唐朝是经济发达的朝代，经常来长安进行贸易的外国商人不下十万人，这中间难免会发生法律纠纷。为此，唐律特别制定"化外人有犯"的条款："诸化外人，同类自相犯者，各依本俗法；异类相犯者，以法律论。"也就是说，外国人之间发生法律纠纷了，以其本属法来处理，外国人和中国人发生纠纷了，按照唐律来处理。这是中国最早的属人主义的立法，也是一个很大的创新。"化外人有犯"的法律规定到清代有了进一步的发展，扩展为属人和属地并用。具体而言，汉人如果在蒙古地区犯法，就按蒙古法处理，蒙古人在汉族地区犯法，就按大清律处理，这就把属人和属地结合起来了。

　　由于唐朝是当时世界上文明较为先进的国家，与各国的经济贸易和友好往来比较频繁，许多国家特别是东亚各国，派遣使节和大批留学生来唐，学习中国的先进文化和各种典章制度。因此，唐律也影响了与中国相邻的高丽、日本、越南等国的法律。这些国家纷纷派遣学者到中国学习法律文化，归国后制定了一系列以唐律为法源的法典。如日本制定了《近江律令》《大宝律令》《养老律令》；高丽制定了《高丽律》；安南制定了《李朝刑律》。这些国家的法律学者在《刑法志》之类的著作中，都明确表示本国法律是仿唐律制定的。所以，这些国家也被纳入到中华法系的系统之内。

不仅《唐律》具有世界影响，《大明律》同样深刻地影响了相邻国家。日本专门派人到中国来搜求《大明律》和《律令直解》，朝鲜还奉《大明律》为母法。如果说，日本学者研究《唐律》者多，朝鲜学者则是研究《大明律》者多。

中国传统法文化影响到了周边国家，使得这些国家的法律制度、社会风气乃至生活习惯都带有中华法文化的烙印，形成了一个以儒家精神为主导的法文化圈。中华法治文明不仅是中国文化宝库中的财富，也被世界公认为人类法制文明的瑰宝。

四、中国传统法文化的史鉴价值

中国传统法文化历史悠久，内容丰富，资料浩如烟海，称得上是一座极其宏伟的智库，具有丰富的历史借鉴价值。

（一）肃清法律工具主义的影响，坚定树立法律权威主义的观念

早在公元前七世纪左右，管仲就提出了以法治国的主张，这在当时无疑是开先河的篇章。管仲认为，人君如果能以法治国，就能轻易地管理群臣、统治百姓、执掌政令。以法治国的思想影响深远，历朝历代都以法为治国之具。唐朝魏徵将法律形象地比喻为君主的"执御之鞭策"。也就是说，国家如同一匹奔马，皇帝是骑手，他手中的鞭子就是法律。这个比喻把法律工具论形象化了，可见，中国古代的法治是君主人治下的法治，遇有开明之君，便能发挥法律的作用，遇有昏聩之君，则很可能以坏法为能事。所以"以法治国"的法律工具主义是有局限性的，它的实施很大程度上有赖于君主个人的素质。除此之外，以法治国还有一个很大的局限，那就是传统法律的特权性与法治的公平性要求是矛盾的。中国封建时代的社会关系由不同的等级构成，因此反映在法律上，不同的等级也是公开不平等的。除了皇帝凌驾于法律之上，法律还公开规定了一些人享有特权，也就是"八议"制度，其具体内容是：议亲，皇亲；议故，皇帝的故旧；议贤，有大德行；议能，有大才干；议功，有大功勋；议贵，三品以上职事官及有一品爵者；议勤，为国家服务勤劳；议宾，前朝贵族等。凡属八议范围内的贵族官僚，如果犯罪了，法官不能直接审理，而要请示皇帝，还能通过种种途径减免罪责。这些亲贵所拥有的特权和法治的平等原则直接冲突，这也反映了以法治国的局限性。

以法治国与我们今天的依法治国虽然只有一字之别，却有本质上的差异。如果说"以法治国"是法律工具主义，那么"依法治国"就是法律权威主义，任何人都必须在宪法和法律的范围内作为或不作为。为了坚定地树立依法治国的法律权威主义的观念，就必须肃清法律工具主义的残余影响。

（二）善法与良吏须结合，才能发挥"奉法者强则国强"的作用

宋人王安石说："立善法于天下，则天下治；立善法于一国，则一国治。"同时他又强调："吏不良，则有法而莫守。"有了反映社会发展要求、符合人民利益的善法，还需要有能够严肃执法的良吏，才能保证善法的实施。唐朝文学家白居易更具体地论证了法与吏的关系。他说："虽有贞观之法，苟无贞观之吏，欲其刑善，无乃难乎？"白居易是德宗时代的官僚，当时唐朝已经显露颓势，朝堂上君子少、小人多，有法而不能行，所以他发出了上述慨叹。明末清初的著名思想家王夫之，在《读通鉴论》中从总结历史经验的角度提出单纯任法或单纯任吏都不足以为治，从而得出了"择人（官）而授以法，使之遵焉"的结论。所以善法要与良吏相结合，才能充分发挥善法的作用，所谓"奉法者强则国强"。

（三）严格执法会提高司法的权威，增强百姓对法律的信任度

中国古代不乏严于执法的良吏。汉文帝时，张释之判处一名"犯跸"（冲撞御道）的人犯罚金四两，文帝认为处罚太轻，要求重判。张释之回应道："今法如是，更重之，是法不信于民也。……廷尉，天下之平也，一倾，天下用法皆为之轻重，民安所错其手足？唯陛下察之。"这也就是说，廷尉作为最高司法官，是天下的公平所在，廷尉平了，天下都平，廷尉如果有所倾斜，那么天下的执法都会失衡，法律的公平性就会大受侵害。张释之就这样说服了汉文帝。

唐太宗时，官僚中常常有假造履历的，有一次唐太宗发话，再有此类犯罪要判处死刑。不久又有一个官员被发现伪造资荫，大理寺少卿戴胄根据法律判处他流刑，而没有遵循太宗之前的敕令。太宗责备戴胄，戴胄对道："法者，国家所以布大信于天下，言者，当时喜怒之所发耳。陛下发一朝之忿而许杀之，既知不可而置之于法，此乃忍小忿而存大信也。若顺忿违信，臣窃为陛下惜之。"太宗说："法有所失，公能正之，朕何忧也。"

中国古代严于执法的官吏还有很多。宋朝著名的清官包拯不仅断案公正，而且判案时大开开封府大门，让群众进入旁听。这可以说是中国历史上带有公开审判性质的一个史例。宋以后，明朝的海瑞、清朝的于成龙都是铁面无私、严于执法的清官。严于执法不仅使司法具有权威，还能增强百姓对法律的信任感。从现存的清代资料来看，老百姓遇有损害往往诉诸法律，遇到冤狱时也愿意层层上诉，甚至到京师告状，这都说明清官执法树立了法律的权威。

（四）监察法的制定，有助于监察制度的建设和监察官作用的发挥

中国古代发展出了完备的监察制度，这些制度对于维持国家纲纪，协调百官在法律规定内运行权力，起着制衡机制的作用。

中国在汉武帝时期便颁行了全国性的地方监察法《刺史六条问事》，刺史就是监察官，他按照六条法律的规定来行使自己的监察权力，监察重点是郡一级的高官和地方豪强势力。《六条问事》使监察官的刺史职权得以发挥，有助于中央集权的巩固。唐朝颁行了全国性的《监察六法》，将监察的对象涵盖到所有官吏，而不仅限于高官和豪强势力，使得朝廷纲纪严明。唐睿宗说："彰善瘅恶，激浊扬清，御史之职也。"唐以后，历代不断修订监察法，其中值得一提的是元朝，元朝并不崇尚法治，却很重视监察制度。元世祖忽必烈曾说："中书朕左手，枢密朕右手，御史台是朕医两手的，此其重台之旨。"也就是说，中书即中央最高行政长官是我的左手，枢密即最高军事长官是我的右手，而御史台监察官是医治我这两只手的。这一说法充分表明了元代对于监察官的重视。元代地方监察法中有一条，说条例里"该载不尽"的，也就是应该规定而没有明确规定的情况，监察官可以便宜行事，这赋予了监察官以极大的权力。监察法发展到清代，达到了法典化的程度。清代编成《钦定台规》，详细规定了监察制度的构建、监察官的职掌权限、监察的对象与事项、监察官对皇帝直接负责，以及监察官的选任与失职的处罚等事项。

监察立法为监察官行使监察权提供了法律依据，使百官都有所震慑。对于监察官执法犯法予以加等处罚，也使得监察官比较忠于职守。除此之外，监察御史作为皇帝的耳目之司，对于地方上的问题"大事奏裁，小事立断"，也起到了整肃吏治的作用。

以上可见中华法文化底蕴的深厚和影响的深广。传承中华法文化，将会给建设中国特色依法治国的宏图伟业提供历史借鉴。

荀子人性论辨正

梁 涛

梁涛，1965年6月生，陕西西安人。中国人民大学国学院副院长，教授、博士生导师，《国学学刊》执行主编。教育部长江学者特聘教授，山东省泰山学者特聘教授。中国孔子研究院高级研究员，文化部"孔子文化奖"推选委员会委员，国家社科基金重大课题"中国孟学史"首席专家。

主要研究领域为中国思想史、儒学思想史、经学思想史、出土简帛等，出版《〈訄书〉评注》《中国学术思想史编年·先秦卷》（第一作者，撰写春秋战国部分）、《郭店竹简与思孟学派》《儒家道统说新探》《"亲亲相隐"与二重证据法》等，在《中国社会科学》《哲学研究》《中国哲学史》等核心刊物发表学术论文50余篇。

我们都知道儒学的创始人是孔子，也知道他有72个弟子。在孔子之后，继承其衣钵、比较著名的弟子有曾子、子游等人；在曾子、子游之后还有子思，他是孔子的孙子；再往后就是孟子，而孟子之后又有荀子。但是长期以来，我们在谈论儒学史的时候，会受到道统观的影响，所谓道统某种意义上也就是儒学的正统。唐代的韩愈写过一篇名为《原道》的文章，认为孔子、曾子、子思、孟子都代表了道统，"轲之死，不得其传焉"，但在孟子去世之后，儒家的道统也就是儒学的核心价值与真正精神就中断了，不再流传。这个说法其实是有点问题的，因为孟子之后不仅出现了荀子，而且儒学的地位的提升乃至成为官方意识形态，都是在汉代才完成的。但是为什么说儒家道统自孟子去世之后就中断了呢？这里面就涉及了一个对"道"的理解。

与此同时，这种道统观也影响了我们对于儒家经典的认识和理解。比如大家都知道"四书"，即《大学》《中庸》《论语》《孟子》。这四部书是由代表了儒家道统的孔子、曾子、子思和孟子这四位学者作的，或者说是记录了他们的思想；像《孟子》《论语》两部书，更是被收入了"十三经"之中，地位得到进一步确立。然而，篇幅不输上述几部经典的《荀子》却并未进入到经中。为什么荀子被道统排除在外了？其中的原因就和我们今天讨论的人性论有关。

传统的说法是孟子讲性善，荀子讲性恶，两个人的观点是截然相对的。古人称赞孟子提出"道性善"，"其功不在禹"，认为孟子的功绩如同大禹一般。为什么呢？因为大禹治理的是自然界的洪水，孟子治理的是人心中的洪水。孟子性善论的提出，为中华民族的人生信仰奠定了根基。所以长期以来，我们对性善论的评价是非常高的。但是对于荀子的性恶论，评价就没有那么高了，甚至认为，荀子只说一句"性恶"，"大本已坏"，认为荀子的性恶论在根本方向上就是错误的。这也是传统儒学在孟荀问题上的一个基本判断，由此形成了"重孟轻荀"的看法。那么，这个判断有没有道理呢？如果荀子的确主张"性恶"的话，是有一定道理的。毕竟性善论肯定了人的道德主体性，道德主体性在哪儿呢？在我们的心，在我们的性，在我们的内部，而不在外部。孟子讲过"由仁义行，非行仁也"，即人们秉承内在自觉去行使仁义，而不是有个外在的所谓"仁义"摆在那里，要求我们去服从它、遵从它；但是如果人的本性就是恶的，那他又怎么可能向善呢？这就形成了一个矛盾。

一、从孟子性善论谈起

最近几年，我所做的工作就是要颠覆这种传统的看法，重新解读孟荀的人性论。我们首先来说孟子的性善论。提到"性善"，大家耳熟能详的是《三字经》开头的这句话："人之初，性本善。"按照这个说法，我们在刚出生的时候，性是本然纯善的，不过是受到了后天的熏染和诱导才出现了恶——一般来说，我们都会这样理解孟子的性善论，但这只是汉代形成的一个说法，并不符合孟子本人的思想。

在孟子看来，人性中其实包含不同的内容，所谓"口之于味也，目之于色也，耳之于声也，鼻之于臭也，四肢之于安佚也，性也"。——这些感性欲望都是人性中的一部分，但是"有命焉"，能否得到和实现有着外在的限定。所以孟子说"君子不谓性也"，一个君子也就是有更高道德追求的人，不会把声色感官方面的欲望看成是真正的"性"。至于像仁义礼智等道德禀赋，尽管对其的实现也有一些命运上的限定，例如我们成长的环境也会影响到我们的选择，但是人有意志自由，是做一个好人还是做一个坏人，是做一个君子还是做一个小人？终究是由我们自己来选择和决定的，而不能推到外界的因素以及环境上去，这样才能显示出人之为人的价值与尊严。所以孟子主张人们不应将"味、色、声、嗅"而应将"仁、义、礼、智"看作我们真正的性。正是基于此，我将孟子性善论概括称为"以善为性论"——我们人性中既有"味、色、声、嗅"等感性欲求，也有仁义礼智等道德禀赋，我们应把后者而不是前者看作我们"真正的性"。孟子从来没有说过我们的人性中只有善，这是需要我们搞清楚的。此外，孟子性善论的核心也不在于人性为什么是善的？而在于人性中究竟有没有善，以及为什么我们要把这部分视为我们真正的性？还有，以善为性对我们的生命发展、价值的实现有何意义？孟子对这些问题都给出了论证和说明，就此建立起了他的性善论。

通过对于孟子性善论的辨析，我们可以发现，一个完整的人性论至少应该包括两个方面的内容，一是事实判断，即人性都包含着哪些内容；二是价值判断，即人应该选择和追求什么。中国人在讨论人性问题的时候，并不是要对人性做一个客观实证式的研究，而是要通过人性给人生指明一个方向，也就是借讨论人性问题来解决人生问题，这是儒家人性论的本质所在。如果我们以这样的标准来判断的话，假如荀子主张性恶，这是不是一个完整的人性论呢？显然不是！这只是对人性做了一个事实判断，认为我们人性中有恶，比如生而好利、生而有嫉恶之心、生而好声色等，这的确是我们人性中固有的东西，你可以说它是恶；但是如果仅仅停留在此的话，我们会发现这并没有告诉人们应该怎么生活，比如到底应该是追求恶还是追求善？是顺从恶还是抑制恶？如果人性只是恶的，我们是不是就应该遵从丛林法则，谁力气大谁就应该统治别人，而力气小的人就理应被别人统治？——根据性恶论我们能推出这样的结论，但荀子显然不是这样主张的。因此，把荀子的人性论概括为"性恶"显然是不准确的，也是不完备的。

二、荀子人性论辨析

然而，为什么两千多年来大家在讨论荀子人性论的时候，都会有"荀子主张性恶"的说法呢？最直接的原因是《荀子》三十二篇中，有一篇就叫《性恶》，人们由此认为荀子的人性论就是"性恶"。但是这个说法是不准确的，因为《荀子》中的各篇的篇名往往是取其文章开头或其中的前两个字，所以篇名不一定能概括整篇文章的思想主旨。

《性恶》开篇第一句是"人之性恶，其善者伪也"。这是荀子对于人性的一个基本判断，在全篇中反复出现，共有八次。荀子没有一次是说"人之性恶"，相反都是说"人之性恶，其善者伪也"。所以，荀子关于人性的主张实际有二：一是说"性恶"，一是说"善伪"或"伪善"。一方面说恶来自性，另一方面又说善来自"伪"，解释人为何有善，这才是荀子对于人性的完整表达，或者说是他完整的思想。"人之性恶，其善者伪也"这两句需要结合在一起理解，可是由于篇名的原因，人们往往只注意前一句、忽略了后一句，这就造成了对荀子人性论的误读。另一个误读的原因是，"其善者伪"的"伪"字不太好理解。"伪"的字面意思就是虚伪、不真实，当然荀子这句话里的"伪"并不是这个意思，大部分人也不会这样理解。一般人们是把这个"伪"理解为"作为"，那么荀子这句话的意思就是，人的恶是来自他的本性，而善则是后天作为的结果；但是这个解释也是似是而非、不够准确的。因为我们都知道，"作为"是中性的，它并不能必然导致善，而是至少有三种情况，即一是向善的作为，二是向恶的作为，三是无所谓善恶的作为。只有出于善的目的和动机，按照善的原则去履行的作为才能导致善，所以将这里的"伪"仅仅当成"作为"去理解是讲不通的。

这个问题的研究在1998年的时候稍稍有所推进，那年我国公布了一批竹简，即著名的郭店竹简，给我们带来不少新的启示。在这批竹简中出现了这样的字"怣"，庞朴先生由此有了一个天才的猜测，他说荀子讲的"人之性恶，其善者伪也"中的"伪"，很有可能用的就是这个字，本来是写成悫，至少应该是按照悫去理解；然而后来这个字就失传了，因为在汉代以后的文献里，我们便看不到这个字了，只有"伪"字和"为"字。所以可能当时抄书人将悫写成了伪，导致了后人对于荀子思想的误读。庞朴先生的表述虽然很短，只有一百多字，但是很重要，我认为是找到了打开荀子人性论之谜的一把钥匙，"其善者伪"确实应该是从这个悫字去理解。首先，荀子明确将"伪"定义为"心虑而能为之动谓之伪"，这个伪当然不是指一般的作为，而是心的思虑活动及其行为；是心的作为，而不仅仅是身体的行为。其次，在《荀子》这本书里也多次使用"伪"字，如"端悫生通，诈伪生塞"（《不苟》）、"不可欺以诈伪"（《礼论》）、"著诚去伪"（《乐论》）、"言伪而辩"（《宥坐》）等等，这些地方的"伪"字都是诈伪、虚伪等负面含义，与荀子所正面主张的伪是根本对立的。所以荀子不可能用同一个字去表达两个相反的概念，即既表示虚伪、诈伪，又表示"其善者伪"。合理的解释是，这两类概念是用不同的字来表示的，用"伪"表示虚伪、诈伪，用"悫"表示心经过思虑后做出的选择、行为。这不仅于文字有据，也符合荀子"心虑而能为之动谓之伪"的定义。故"人之性恶，其善者悫也"可理解为：人的性是恶的，善则来自心的思虑及行为。简而言之，我们也可将荀子的人性论称为性恶、心善说。

"性恶、心善"里的恶来自我们的性，善则来自我们内心的价值判断及其引发的行为，这才是荀子《性恶》篇想要表达的意思。它既说明了我们人性中存在以性为代表的、向下堕失的力量，同时又揭示了以心为代表的、向上提升的力量；荀子在二者之间的对立和紧张之中，对人性做了一个考察，这也是他反复强调的"人之性恶，其善者伪也"所要表达的基本内涵。

　　只有从"性恶、心善"出发，我们才能把《性恶》篇读懂。比如里面提到"凡人之欲为善者，为性恶也"——人追求善，恰恰是因为人性恶。以上文字历来受到人们的误解和诟病，认为完全是荒唐、混乱的论述。之所以如此，就是因为大家没有理解以上文字的逻辑关系。由于荀子主张性恶、心善，一方面性有恶端可以为恶，另一方面心好善、知善、为善，二者形成一种张力关系。因此当人们"从人之性，顺人之情"滑向恶时，由于心好治恶乱、好善恶恶的属性开始发挥作用，于是也就"欲为善"了。正是在这种意义上，荀子提出"人之欲为善者，为性恶也"，这个论述是有其合理性的。

　　《性恶》篇还提到"今人之性，固无礼义，故强学而求有之也；性不知礼义，故思虑而求知之也"，这也让后人感到费解，既然性无礼义，为何又会"强学而求有之"呢？不明白二者是什么逻辑关系，故认为这是荀子自证其说的主观论述，无法成立。其实荀子的这些文字，还是从心、性的张力关系来立论的。虽然"性固无礼义"，"不知礼义"，但由于心好善、知善、为善，同时懂得思虑，"故强学而求有之也""思虑而求知之也"，二者的关系已蕴涵于《性恶》反复陈述的"人之性恶，其善者愻也"之中。只不过后来由于"愻"被抄写成"伪"，人们已不理解荀子的真实主张，读不懂《性恶》的相关论述了。相反，若是了解"伪"本作"愻"，指的是心的思虑活动，尤其是对善的思虑活动，则以上文字的逻辑关系便清晰可寻、豁然开朗。

　　而且我还注意到一点，《性恶》全文可以"涂之人可以为禹"一段为界，分为前后两个部分。前半部分虽然也在论证性恶、心善说，但重点在"人之性恶"和"人之性固无礼义"。后半部分随着提出"涂之人也，皆有可以知仁义法正之质，皆有可以能仁义法正之具"，论说的重心转向了"其善者也"。文章的前半部分提出"枸木""钝金"之喻，也就是用弯曲的树木、不锋利的金属来比喻我们人性中的恶，以说明"人之性恶，必将待师法然后正，得礼义然后治"；后半部分则提出"良弓""良剑""良马"之喻，以说明"人有性质美而心辩知"，即心善。

以往学者读到这段文字时常常感到奇怪，为何讨论性恶却用"良弓""良剑""良马"作为比喻、最后又提出"性质美"的论断？其实只要明白《性恶》的主题并非性恶，而是性恶、心善，以及文章前后内容侧重的不同，这一疑惑便迎刃而解了。这里的"性质美"是针对"心辩知"而言的，"心辩知"属于"其善者伪也"的范围，称其"性质美"便是自然合理的了。良弓、良剑、良马虽然质地优良，但还需要后天的加工、砥砺、培养；同样，虽然"心辩知"，心具有好善、知善、为善的能力，但还需要"求贤师而事之，择良友而友之"，才能真正得以实现。

所以说，理解荀子人性论的核心还是在于对荀子之心的阐释，"伪"也要结合着"心"、落实在"心"来予以说明。我们刚才讲了，孟子是"以仁识心"，此心具有"良知良能"，可以直接做道德判断，由此引发道德行为。因此，它是善之根源、善之"生起因"，也可称为道德本心，这里的"本"有本源、根源的意思。荀子之心也并非是人们所认为的认知心，而是一种道德智虑心，它不仅能认知也能创造，具有好善恶恶、知善知恶、为善去恶的能力。与此同时，荀子之心的首要属性是道德直觉心，在他看来，心好治恶乱，具有道德判断力——这是心的一个重要特点，也是荀子对于心的一个重要规定。我们可以说，正是凭借着这种心，人类才走出"从人之性，顺人之情"而导致的"偏险悖乱"，迈向礼义法度指导之下的"正理平治"。同时荀子也讲求人的道德主体性、强调道德的重要性，所谓"志意修，德行厚，知虑明"，我们生而为人，不仅要通过后天的学习、实践去获得很高的智慧，还要潜心培养自己的意志品格，努力追寻高尚的道德品质。

如果荀子仅仅是讲性恶的话，我也认为这是大本已失；因为在中国文化的语境中只讲性恶，的确是偏颇的，人的本性到底是什么？我们向善的依据和根源又在哪里？顺着"性恶论"的思路都难以解释清楚。但这并不是荀子真正的思想，他的"性恶、心善说"一方面通过"性恶"揭示了人性中的一股逆流，另一方面又通过"心"发现了人生的一座灯塔，引领人生的航船逆流而上，抵达善的彼岸。我们可以"化性起伪"，从而抑制人性中恶的一面，同时发挥心的作用。这里的"伪"有两层意思，一是"心虑而能动谓之伪"，我们运用心的思虑去认识和分辨善恶，进而做出选择；一是"虑积焉能习焉而后成谓之伪"，我们经过不断的后天实践，最终养成一些习性、习惯，这也是"伪"，即经由内心向上的力量，在"化性"的基础上形成的习性，以此纠正、改变我们先天本性中不好的内容。

以往学者认为，在荀学研究中，有一个无解的问题，即第一个圣人如何出现的问题。就日常经验而言，我们的善最早当然都来自父母、师长的教导，但父母、师长的善又是从哪里来的呢？这样顺势向前追溯，就推到了圣人、先王，再推下去就产生了"第一个圣王是如何出现"的难题。如果说圣人与常人不一样，只有圣人才会性善、有独特的禀赋，因此可以教化大众、引导大众，这样当然就可以讲得通；但荀子恰恰不是这样主张的，在荀子看来，圣人与常人的性是一样的，"圣人之同于常人者，性也"。所以，圣人不是特殊的人，他们在本性上与常人没有差别，不同于常人的地方就在于"起礼义""制法度"的创造性活动。然而，圣人为何能够"起礼义""制法度"呢？"礼义法度"的形成过程又是怎样的呢？

　　对于礼义法度的产生，荀子是这样讲的，他假设、描述了一个前礼义的时代，也就是设想在人类还没有礼义的状态，即"人生而有欲，欲而不得，则不能无求。求而无度量分界，则不能不争；争则乱，乱则穷"。我们每个人都要实现我们的欲望，这种追求导致了彼此之间的争夺，也就造成了整个社会的混乱、无秩序，因此"先王恶其乱也"；当然这个先王是后设的说法，因为前礼义的时代还不可能有先王。不过，因为我们人类有向善的心性以及理智的思考能力，同时在群体中又有一些很聪明的人，他们站出来说我们能不能不要这样互相争夺、彼此伤害，我们能不能制定一个度量分界，或者说制定一个礼义法度，之后就可以按照这套规则来行事——由此礼义法度便形成了，先王"积思虑，习伪故"，但此处的思虑并不是一个人或者一小部分人的思虑，而是包括了大家共同的思虑，所有人都在思考解决无序纷争的途径和方式，先王对这些思虑做了总结，最终就此创设出人类最早的礼义规则。

　　至于制造礼义的目的，则是"养人之欲，给人之求"，也就是满足人类的欲望和需求。在订立礼义法度之前，表面上我们好像都可以直接追求自己想要的东西，但结果却是陷入了彼此争夺的混乱。在订立礼义法度之后，表面上对我们造成了限制，其实却更好地满足了我们的欲望和需求。在礼义法度出现之后，如果我们每个人都去积极地实现、遵从礼义，这样就会"化性起伪"，人类由此逐渐从一种非文明的状态转化为文质彬彬的君子，先天不好的本性得到了改造，礼义法度也会随之改造和完善。

　　按照荀子的思想理路，圣人和礼义是同时产生的。圣人能制作礼义，是因为其有辨、有道德创造能力，而圣人在人性、禀赋等方面较常人却并不特殊，他们不过是历史上的先知、先觉者，具有远见卓识，同时经历了"积思虑、习伪故"的探索过程罢了。圣人制定的礼义之所以能被接受，也是因为大家都认为制定相应的规则是合理而必要的，并就这些问题给出了自己的关切和思考，同时也愿意接受这套规则对自身行事的指引，由此完成自我人性的转化。

三、孟荀人性论比较及其阐发

我们在研究儒学的过程中，一方面当然是要研读经典，另外一方面便是要诉诸自身的生命体验，以求达成更深刻的理解。从我的生命体验出发，我觉得孟子对性善的阐发非常好，即人应该选择善，以及人性中也有一种自觉向善、向上提升的道德精神力量，而我们应该把这种力量扩而充之、发扬光大。不过由此我们也要问一个问题，即在孟子看来人性中的"恶"是从哪里来的呢？对于这个问题，孟子有两个回答，一是"陷溺其心"，就是我们善的本心、良心被遮蔽或者被污染了；二是"失其本心"，就是我们的本心、良心丢失了，无法发挥作用。那么，究竟是何种因素导致善的本心"陷溺"或者不再发挥作用呢？孟子对此没有明确的讨论，不过按照孟子的思路，遮蔽本心的无非就是人们对于声色犬马等感官欲望以及功名利禄的盲目追求。由此我们也可以说，孟子已经潜在地承认了人性中存有影响向善的因素，只不过讲得不够明确而已。至于荀子，对此就有了明确的表达。人性中为什么有恶呢？因为人类"生而有好利焉""生而有疾恶焉""生而有耳目之欲，有好声色焉"，如果我们不对它们有所节制、任其放纵，那么就会导致恶，所谓"残贼生而忠信亡焉"等等。不过荀子同时也表示，我们的人性中还有一种向上、向善的力量，而那就是由心代表的决断与思考，以及对礼义的遵从。

如果付诸我们自身的生命体验，我们会对人性有什么样的看法呢？当然人性既有恶的一面，也有善的一面。孟子主要是强调了人性中善的这一面，相比较而言的话，荀子的说法则更为全面一点，更接近我对于人性的一个基本判断和理解，也就是人性中既有向下堕失的一面，也有向上提升的一面——而这两面是不矛盾的。因此，我们只有正视人性的恶，才能更好地讲人性的善；如果刻意回避客观存在的人性恶的一面，在这种情况下一味地强调善，反而会显得廉价。鲁迅先生讲"真的猛士，敢于直面惨淡的人生，敢于正视淋漓的鲜血"，其实也是这个道理。

虽然孟子和荀子都认为心有善性，但是这两种思想的性质以及阐述的重点还是不一样的。孟子的心是有实际内容的，是包含恻隐之心、羞恶之心、辞让之心、是非之心的"四端"之心，可以由内而外表现出善的行为，所以我把它称为"实心"。荀子讲的心虽然也有道德判断和直觉，但却没有具体内容，所以我称之为虚心。荀子强调人之所以为人、不同于草木禽兽的地方就在于"辨"，即辨别是非善恶、辨"礼义、辞让、忠信"之是、辨"污漫、争夺、贪利"之非，这显然也是心的作用和能力。这种"辨"是人的族类规定性，是"人之所为人为者"，所以应该是与生俱来的。荀子还认为"人有气、有生、有知，亦且有义，故最为天下贵"，不过需要我们注意的是，他虽然讲人"有辨""有义"，但这些都是没有具体内容的。诚然，人类生来具有辨别是非善恶的能力，然而是非善恶到底是什么？在我们刚出世的时候是不具备的；人也有追求正义的能力，但对于到底什么是正义，在我们刚生下来时同样是不清楚的——这些具体的内容要在后天的学习实践中、在自身经历和参与的社会生活中逐步形成，是圣王所规定的，实际也就是人们在生活、实践中最终达成的，所以我说荀子的心是"虚心"，与孟子的"实心"是有所区别的。我们还可以用语言能力对荀子之心进行类比性的理解，即人生而具有使用语言的能力，但这并不意味着人一生下来就会说话；我们真正掌握语言、具有表达和沟通能力，还需要经历一个后天的学习过程，以及所处社会环境给予的潜移默化的影响。

从孟子性善论出发，我们会发现他更多强调的是"不学而知，不虑而能"的善性，即人类天生就有一种对于道德价值的判断能力，无须更多的学习和思考，我们依靠直觉就能对很多事情做出判断，而道德情感往往就在一刹那间涌现。荀子强调的内容则恰恰相反，正如同《荀子》的第一篇就是《劝学》，可见人们要历经不断地学习、认知、积累与调整，才能切实获得辨别是非善恶等价值判断的能力，并得以充分和完善地运用它，最终发挥其积极的作用。就像语言一样，虽然从根源上讲，它是人的创造、是心的产物，但它并不是心"扩而充之"的，不是凭借一己之力就能够创造发明的，而是经过千千万万人的共同努力，是千千万万个心灵探索、尝试的结果；它既是自生、自发形成的，也是约定俗成的产物。

讲到这里，大家可能会问，那么你更认可哪种说法呢？我觉得这两种说法都有一定的合理性，但都不全面，或者这两种说法都有各自适用的具体范围。孟子对于本心、善性的讲法，更适合解释我们的道德活动；荀子的讲法则更适合解释政治活动。孟子认为"学问之道无他，求其放心而已矣"，按照这个思路，面对人类与生俱来的道德情感，我们不要总期望从外界去求得，只须留意把自己的本心守住；如果不慎将其丢失，那就努力寻回，这就是孟子的想法。这当然有一定道理，而且在某种情况下，善良这种品性，包括很多道德行为的彰显，以及它们的"扩而充之"，的确与知识没有任何必然联系。但是，对于是非善恶的辨别等价值判断，也可以依靠扩充我的所谓本心就可以全部实现吗？这个我是不相信的。毕竟是非善恶都有其具体标准和内容，必须依靠后天的学习、认知以及对于知识和经验的积累才能获得。所以说，孟子讲的心善，对于我们塑造一个道德君子人格、培育浩然之气是有作用和积极意义的。可是，如果我们管理一个单位、企业或者部门，这时单靠扩充我们的善意、善心、善性就可以了吗？显然是不全面的，这最多只能保证我们对于工作保有尽职尽责的态度，但是在具体的操作层面，需要大量的知识积累，需要对前人的礼义、制度进行继承与调整，而荀子看重的就是这些方面的内容。所以荀子强调"隆礼重法"，"礼"是荀子思想中非常重要的概念，不过这个"礼"并非一成不变，而是发展演变的，但变化背后，依然有一套基本原理与规则，人们把握了原理、规则后，就可以"知通统类"，顺应时代的变化，推出新的礼义、法则。荀子其实讲的就是礼法学，是儒家的外王之学，而孟子则是儒家的内圣之学。

内圣之学是什么呢？是培养我们的道德境界，使我们的人格臻于完善。外王之学是什么呢？是侧重于社会管理与国家治理。在孔子那里，是既讲内圣也讲外王，既讲仁也讲礼，试图将二者统一在一起。但孔门后学往往各取一端，从而造成儒学的分化。这种分化在深化儒学思想的同时，也导致了儒学思想的窄化：孟子发展了心性内在的方面，而对礼义外在的方面有所忽略，荀子重视外在的礼义制度，而对心性、超越的方面关注不够。——由此把一个丰富的、内外兼备的思想传统，割裂成为两个不同的思想体系，甚至还造成一些误解，比如认为荀子只讲性恶，"大本已失"，进而又把荀子排除在儒家道统之外，这些影响都给儒学的发展造成了很严重的问题。

四、儒家政治传统及其他

孟子讲心性，偏重于道德；荀子讲外王，重点在政治。

道德与政治虽然存有一些内在关系，但是它们毕竟分属于不同的领域。道德讲的是人的德性与善，是对他人的一种关爱；政治讲的是人的权益与诉求，是人与人之间、公共领域与私人领域之间的关系，以及通过订立制度更好地保证人的基本权益。政治的问题，无法仅凭唤醒个人良知来解决。环顾我们的社会生活，每个人主观上都可以追求自身的利益，但是客观上又推动了社会的整个利益，这就得益于法治以及法律制度的建设，约束人们必须在法的规则下行事，由此把个人利益和群体利益结合起来。然而，对荀子思想的忽视乃至否定，一定程度上造成了孟学的极端膨胀，从而导致实际的制度安排、国家治理，包括赋税收取、公共建设、抵御外侮等问题，都难以得到切实有效的处理，这就是窄化儒学、使其片面发展所必然出现的问题。

由于孟、荀的分化，他们在思考政治的问题上进路是不一样的。孟子是以道德来处理政治，在他看来，"人皆有不忍人之心。先王有不忍人之心，斯有不忍人之政矣"。也就是着力唤起国君的"不忍人之心"，培养国君的道德本心、道德意识，这样他自然就会推行仁政，由此促进整个社会的转变。孟子还表示"惟大人为能格君心之非"，因为统治者肩负重任，一旦犯了错误就会造成很大的危害，这就需要依靠具有君子人格的儒者来端正国君错误的思想。比如要在国君身边安排一些善人君子，以便让国君在不经意之间就往好的方面发展；如果统治者身边都是阿谀奉承、图谋不轨的奸佞小人，那么即便君主是聪慧的人，时间长了也会往坏的方向发展——诸如此类的想法还有很多，总之孟子实际上是用道德途径来解决政治问题。这种思路在中国传统文化里是根深蒂固的，几千年来我们在解决政治问题时，都是这套思路。孟子身处的战国时期，恰逢各个国家之间持续地激烈鏖战与兼并，"争地以战，杀人盈野；争城以战，杀人盈城"，孟子正是看到了这些血淋淋的现实，与民不聊生的惨状，于是才有了"民为贵，社稷次之，君为轻"的呼吁。但是，孟子对于改善百姓处境的诉求，最终还是要借助于唤起君王的不忍人之心，所以是以道德的方式来处理政治。

荀子的思路跟上述的理念就不一样，他强调的是隆礼重法，以建立制度作为根本，同时这套制度的产生，与人类的善性和不忍人之心也没有关系；与之相反，它恰恰来自人类的利己之心，来自每个人对自身利益的本能追逐。荀子未曾对人类的道德品质有过太高的预设，而是在人类的欲望和理性之间寻找一种平衡，由此确立礼义法度或度量分界，并通过礼义法度指导人们的行为，从而对社会进行有效的管理。总之，这是荀子"性恶、心善论"和孟子的"以善为性论"思想理路上的不同，导致其在政治实践中所展现出的差异。

孟子的学说在中国历史上确实有很大的贡献，他提出了仁义说、性善论、浩然之气等等，发展了孔子的仁学。之后的荀子又提出了化性起伪、隆礼重法、性恶心善等等，发展了孔子的礼学。儒家本来就是一个丰富的思想系统，从孔子开始就是仁、礼并重，内圣和外王并重，"克己复礼，天下归仁焉。为仁由己，而由人乎哉"，这是孔子一生的目标，也是他付诸毕生精力所做的事情，即把人们内在的道德自觉与外在的制度规范有机地统一起来。孔子生在春秋末年，正是礼崩乐坏的时代，制度的崩溃同时也伴随着人生信仰、价值观念的动摇。所以孔子一方面主张"必也正名乎"，通过"正名"重新确立礼义制度；另一方面要求"为仁由己"，重建精神信念与价值理想。

然而孔子之后，孟子和荀子各取一端，将儒学向两个方面发展。当然孟子的影响更大，不过这种影响在起到积极作用的同时，也造成了一些偏差，比如在政治实践中更重视启发、培养帝王的不忍人之心，以及良知良能等天生的善性，而对后天认知以及对制度建构相对关注不够。虽然孟子的道德感染力和精神气节始终都让人钦佩，但却难以解决实际操作方面的问题，而荀子的学说就更多谈到了外在的礼义制度之学。所以我认为，今天我们既要讲孟子，又要讲荀子；我们没有必要在孟荀之间争正统，而是应该统合孟荀，发展仁学、改造礼学，在此基础性上结合二者的学说，建构起内外完备、仁礼统一的儒家学说——而这也是我们这个时代国学研究所面临的重大课题。